【中国人格读库】

国家新闻出版广电总局

培育和践行社会主义核心价值观主题出版重点出版物

东北军民抗日斗争

高占祥 主编

张虹 著

北京时代华文书局

图书在版编目（CIP）数据

东北军民抗日斗争 / 张虹著 . -- 北京 : 北京时代华文书局 , 2015.12（2022.3 重印）
（中国人格读库 / 高占祥主编）
ISBN 978-7-5699-0640-0

Ⅰ. ①东… Ⅱ. ①张… Ⅲ. ①抗日斗争－史料－东北地区 Ⅳ. ① K265.06

中国版本图书馆 CIP 数据核字（2015）第 251027 号

东北军民抗日斗争

Dongbei Junmin Kangri Douzheng

主　　编 | 高占祥
著　　者 | 张　虹

出 版 人 | 陈　涛
责任编辑 | 邢　楠
装帧设计 | 程　慧　段文辉
责任印制 | 訾　敬

出版发行 | 北京时代华文书局 http://www.bjsdsj.com.cn
北京市东城区安定门外大街 138 号皇城国际大厦 A 座 8 楼
邮编：100011　电话：010－64267955　64267677
印　　刷 | 三河市嵩川印刷有限公司　0316－3650395
（如发现印装质量问题，请与印刷厂联系调换）
开　　本 | 787mm×1092mm　1/16　印　　张 | 8　字　　数 | 76 千字
版　　次 | 2016 年 1 月第 1 版　印　　次 | 2022 年 3 月第 3 次印刷
书　　号 | ISBN 978-7-5699-0640-0
定　　价 | 35.00 元

社会主义核心价值观与中国人格

周殿富

社会主义制度在中国已经建立了六十余年，而我们党则在本世纪初叶提出了培育弘扬社会主义核心价值观的重大课题，显然是其来有自。

社会主义的道德风尚在新中国蔚然兴起，曾经那样地风靡于二十世纪中叶。邓小平同志曾经在改革开放中讲过，当年“这种风气不仅是中国历史上从来没有过的，而且受到了世界人民的赞誉”。然而可惜的是，这个在社会主义制度建立与实践中，同步兴起的社会主义道德风尚的成长道路，却是一波四折。半个多世纪以来，它先是与共和国一道遭受了十年“文革”的浩劫；接着便是全党工作重心转移到改革开放进程中，欧风美雨“里出外进”的浸洗濡染；再接着是西方“和平演变”在东欧得手的强烈震荡与冲击；最后又是市场经济中那两只“看不见的手”在搅动着、嬗变着人们的价值取向。至少在国民中出现了价值观上的多层次化，传统美德的弱化，社会道德文明水准的退化，光荣革命传统的淡化，这也许正是中央在本世纪初提出社会主义核心价值观的原因吧。

不管怎么“变”，怎么“化”，当我们回首来时路，却不能不说，中华民族真的很强大，很值得骄傲。人类经历了几千年的文明进程，堪称世界文化之源的“五大文明古国”，其他四大古国文明都已被历史淘汰灭亡，只有中国成了唯一的延续存在。近现代即使那般的积贫积弱，被西方列强豆剖瓜分、弱肉强食，想亡我中华都不可能，就连最强大的美帝国主义，最凶残的日本军国主义都成为我们的手下败将，而且打出了一个新中国，且跨过整整一个历史阶段，直接进入了社会主义。西方敌对势力几十年不遗余力地对新中国百般围剿，“冷战”“热战”“和平演变”手段用尽，连如此强大的前苏联乃至整个苏东阵营都被瓦解了，而社会主义的旗帜仍旧在960万平方公里的土地上高高飘扬，而且昂首挺胸地屹立在世界的东方，中国真的是太强大了。几十年来的瞩目成就，竟然令西方发出了“中国威胁论”。你管他别有用心也好，言过其实也好，总比让别人说我们是“瓷器”，是“东亚病夫”好吧？1840~1949年的一百零九年间，中国尽受别人的欺负、“威胁”了，我们也能让那些昔日列强有点“威胁感”，又有什么不好？更何况这是他们自己说的啊！我们并没吹嘘，也没有去做。几千年来我们侵略过谁呢？“反战”“非攻”“兼相爱，交相利”，中国古有墨子，近有周恩来、邓小平同志。这也是中华民族固有传统美德的延续吧！

生于忧患，死于安乐，这也当是中华民族的一个传统美德吧？几十年来尽管中国如此繁荣兴旺，但从邓小平生前一直到党的“十八大”以来，无论哪一届中央领导集体，从来都没有忘记过国之忧患。忧在何处，患在何处呢？

二十世纪八十年代末，邓小平同志曾经在半年的时间内四次提到：中国改革开放十年最大的失误在教育，在“对青年的政治思想教育抓得不够”“对人民的教育不够”，足见他的痛心疾首。他晚年时又提到了“国格”与“人格”的问题，讲道：“谈到人格，但不要忘记还有一个国格。特别是像我们这样第三世界的发展中国家，没有民族自尊心，不珍惜自己民族的独立，国家是立不起来的。”

（精装版《邓小平文选》第3卷331页。）

人们很少注意到邓小平的这一段话，但邓小平恰恰是在这里把“国格”“人格”提升到了事关“立国”的高度。

那么，什么是我们社会主义的“国格”呢？邓小平讲得很明白:“民族自尊心”“民族的独立”。

新中国一路走来，我们最大的尊严便是完全靠“自力”,靠“艰苦奋斗”,而达“更生”之境。对西方敌对势力的“冷战”“热战”“和平演变”,我们何曾有过屈服？也正是在这一前提下，我们才有真正的“民族独立”。这就是我们的国格。那么什么是我们中国人的人格呢？邓小平同志在这里没有讲，但他在1978年4月22日召开的全国教育工作会议上的讲话中，在讲到我们的教育培养目标时，至少提到与社会主义人格相关的各个方面：革命的理想，共产主义的品德，勤奋学习，严守纪律，艰苦奋斗，努力上进，爱祖国，爱人民，爱劳动，爱科学，爱护公共财产，助人为乐，英勇对敌，集体主义精神，专心致志地为人民工作，等等。这里的哪一条不属于社会主义人格的范畴呢？

2006年党的十六届三中全会，第一次提出了“建设社会主义核心价值体系”的历史性命题和战略任务。2007

年，胡锦涛同志在“6·25”讲话中又具体提出这个“体系”包括四个方面的内容：①马克思主义的指导思想；②中国特色社会主义共同理想；③以爱国主义为核心的民族精神和以改革创新为核心的时代精神；④社会主义荣辱观。这四个方面，一是信仰，二是理想，三是精神，四是道德文明，哪一个不在社会主义人格的范畴之内呢？党的十七届六中全会又提到了社会主义核心价值体系是“兴国之魂”。

2012年11月，在党的“十八大”上又用“三个倡导”把社会主义核心价值观概括为十二项：①倡导富强、民主、文明、和谐；②倡导自由、平等、公正、法制；③倡导爱国、敬业、诚信、友善。而且中办文件又把这“三个倡导”分为三个层面：第一个“倡导”的四项，是国家层面的价值目标；第二个“倡导”的四项，是社会层面的价值取向；第三个“倡导”的四项，是公民个人层面的价值准则。实际上前两个“倡导”的八项都是属于“国格”范畴，而第三个“倡导”是属于“人格”范畴。

那么，我们怎样才能在前面讲到的那些历史嬗变中培育建构起这个“核心价值观”呢？中共中央政治局的第十三次集体学习，似乎很明确地回答了这个问题。

新华社北京2014年2月25日电讯称：中央政治局在2月24日，以弘扬社会主义核心价值观，弘扬中华传统美德为内容，进行了集体学习，习近平总书记在主持学习时强调：

培育和弘扬社会主义核心价值观必须立足中华优秀传统文化。牢固的核心价值观，都有其固有的根本。抛弃传统、丢掉根本，就等于割断了自己的精神命脉。博大精深的中国优秀传统文化是我们在世界文化激荡中落稳脚跟的根基。中华文化源远流长，积淀着中华民族最深层的精神追求，代表着中华民族独特的精神标识，为中华民族生生不息、发展壮大提供了丰厚滋养。中华传统美德是中华文化精髓，蕴含着丰富的思想道德资源。不忘本来才能开辟未来，善于继承才能更好创新。对历史文化特别是先人传承下来的价值理念和道德规范，要坚持古为今用、推陈出新，有鉴别地加以对待，有扬弃地予以继承，努力用中华民族创造的一切精神财富来以文化人，以文育人。

习近平总书记的这段论述相当精辟，对于如何培育建构社会主义核心价值观问题从四个方面剀切明白。

第一，他明确指出要在中华优秀传统文化的基础上，来构造我们的社会主义核心价值观，而不能割断历史。这一条十分重要，否则我们便会失去我们的本来面目，便会成为无源之水，也就无法走向未来。

第二，指出了中华传统美德是中华文化精髓，蕴含着丰富的思想道德资源。这就为我们揭示了社会主义核心价值观，要以弘扬优秀的中华传统美德为基础。

第三，他指出，对传统文化在扬弃中继承，在继承中创新。这就是说，社会主义核心价值观的内涵，既要有优良传统的文化精神，也要有时代精神，是二者的有机结合。

第四，他指出要用中华民族创造的一切精神财富，来化人育人。这就是说，弘扬中华民族文化，并不只是传承儒学那些道统，而是要弘扬全民族共创的优秀传统文化。同时也就是说，培育、弘扬社会主义核心价值观的根本目的是化民、育人。

尤其值得瞩目的是，习近平总书记在这次讲话中提到了一个“中华民族独特的精神标识”问题，而在同年的全国组织部长会议上又提出我们再也不能以GDP论英雄的思想。让人欣慰的是，思想道德文化建设终于被提升到一个民族的标识地位，这至少表明中国人的思想观念，并不落伍于世界潮流。

并不受人欢迎的亨廷顿生前给他的祖国提出的警示忠告，竟是如何弘扬他们没有多少历史和文化的“传统文化”：“盎格鲁新教精神——美国梦”，以此为国家的“文化核心”问题。他讲道：“在一个世界各国人民都以文化来界定自己的时代，一个没有文化核心而仅仅以政治信条来界定自己的社会，哪有立足之地？”所以，他提醒他无限忠于的祖国，一定要巩固发扬他们自入居北美以来，在新教精神基础上形成的“美国梦”理念的“文化核心”地位，这样才能消解这个国家的民族与文化双重多元化的危机。为此，他甚至预言美国弄不好会在本世纪中叶发生分裂。而且他公开预言不列颠大英帝国也会因民族与文化多元化的问题，导致在本世纪上半期发生分裂。

西方的一些专家学者们也十分强调国家民族文化的地位问题，柏克说：“全世界的人根据文化上的界限来区分自己。”丹尼尔同样说：“保守地说，真理的中心在于，对一个社会的成功起决定作用的是文化，而不是政治。开明地说，真理的中心在于，政治可以改变文化，使文化免于沉沦。”这些语言也可能有它们的局限性与某种非唯物性，但至少可以让我们看到那些发达的资本主义国家在想什么，至少与马克思主义经典作家们，关于意识形态并不总是消极被动地接受它的经济基础的论断并不相悖。

中国显然具有世界上最悠久的民族文化，同时显然也拥有世界上最强大的政治优势。新中国包括它直接进入社会主义的经济形态，以及其后的一次次经济变革，哪一次不是靠政治力量在强力推动呢？它当然同样拥有让我们几千年的民族文化“免于沉沦”的能力。有学人认为我们的民族文化早就被以往一次次的历史性灾难割裂了，这个看法显然都是毫无道理的。但我们当下却确实面临着“两个传统”失传失统的危险。中国的传统文化与优秀的民族美德，在当代国民中还有多少传承？老一代中国共产党人用生命与鲜血铸就的光荣革命传统，在党内还有多少“光大”?我们现在全民族的“核心文化”到底在何处？“社会主义核心价值观”的提出不仅符合世界潮流，也是使我们优秀的民族文化得以传承而不发生历史断裂的根本保证。富和强永远都不是一个民族的标志，哪个国家不可以富，不可以强？但能代表中国“这一个”本来面目，具有自己民族特色的，唯有中华民族的文化，能代表中国人形象的只有中国独具的道德人格。什么是人格？人格就是原始戏剧中不同角色的本来面目。

综上所述，我们是不是可以这样认为，社会主义核心价值观应内含如下的成分：中华民族传统文化中的优秀传统美德；中国人民近现代反帝反侵略反封建的爱国主义、斗争精神与中国共产党领导下形成的几十年光荣革命传统；中国化了的马克思主义有中国特色社会主义的共同理想；与“中国梦”远大目标相适应的时代精神。由这些内涵构成的社会主义核心价值观，用它来干什么呢？用习近平总书记的话来说就是“化人”“育人”，把它再具体化一下，无非是打造能体现中华民族特色，代表中国形象的国格、人格。在思想道德层面上，一个国家的民族精神也只有在人的身上才能体现，所以我们依据社会主义核心价值观的基本要求，针对当代青少年的实际情况，策划了《中国人格读库》这样一套大型系列选题。

本套书承蒙全国少工委、中华文化促进会、团中央中国青年网三家共同主办推广，并积极提供书稿。难得高占祥老前辈热情出任该套书的编委主任，且高占祥同志不辞屈就加盟主创作者队伍。一些大学、中学教师与青年作者也积极加盟此套书的编写。该选题被国家新闻广电出版总局列为2014年全国社会主义核心价值观重点选题，在此一并鸣谢。

希望本套书的出版能为社会主义核心价值观的培育与弘扬，为促进青少年的道德人格养成起到积极的作用。欢迎广大读者与作家对不足之处批评教正，多提宝贵建议与指导意见。

谨以此代出版前言并序。

二〇一四年十月

于北京时代华文书局

引子

我深深地认识到我所犯下的重大罪行，我真心地向中国人民谢罪。对于我这样一个令人难以容忍的犯罪分子，6 年来，中国人民始终给我以人道主义待遇，同时给了我冷静地认识自己罪行的机会。由于这些，我才恢复了良心和理性。我知道了真正的人应该走的道路。

——古海忠之

（自郭晓晔：《阳光下的审判》，1995 年，当代世界出版社）

这段忏悔出自古海忠之，他曾任伪满洲国国务院总务厅次长。中华人民共和国最高人民法院特别军事法庭于1956年在沈阳对其进行审判。作为伪满洲国的亲历者，个人的懊悔莫及似乎并未对这段历史产生影响。在历史面前，日本军国主义所犯下的罪行，已然留给后世以警示。

去过长春的人们，或多或少会在建筑与街道间，体会到这座城市的记忆里尘封着伪满洲国的虚妄与执念。伪满洲国的历史，存在于世界历史与中国历史的长河中，成为一段苦难史、血泪史，更是一段民族抗争史。白山黑水间，隐约还可以听到那个时代里，东北的英雄儿女为了保家卫国，奔赴战场的果敢与豪迈。

目录

上篇

下篇

上篇

长久酝酿的日式阴谋

日俄战争结束之后，日本取得中国东北的辽东半岛和中东铁路南段的控制权，并以护路为由组建关东军驻扎在奉天、旅顺、长春等铁路沿线，开始了对中国铁路的控制。随后的一年，日本建立“南满洲铁道株式会社”，也就是我们熟知的“满铁”。日本对东北铁路的控制以制度化的形式规定下来，可见其野心。也正是在这一年，除铁道以外，日本在东北的经营领域几乎开始涉及所有的工业领域，肆虐的野心不断在中国大地上膨胀。

辛亥革命推翻了以满洲贵族为主的清朝政府，宣统退位，中华民国建立，尽管在法理上继承了清朝的版图，但国民政府未能对东北实行有效的统治。各地的复辟力量，此起彼伏地进行“满洲复国”的活动。

此后直到1928年东北易帜，东北都一直为张氏父子的政府所统治，其间行政、军事等均独立于中华民国中央政府。

1925年5月，日本少壮派的“一夕会”通过“重点解决满蒙问题”的决议。这份决议不仅昭示着日本占领东北的企图，也开启了规划成立伪满洲国的进程。同年7月，关东军作战主任参谋石原莞尔起草了《关东军占领满蒙计划》，明确提出了日本要设计解除中国军队的武装，维持治安以及防备苏联入侵东北等问题。在这份以军事为切入口的计划中，“满蒙”显然成了日本觊觎中国的最早的具有规划性质的方案。

在接下来的两年内，日本对于满蒙问题的讨论更为密集，对东三省的阴谋不断体系化、现实化。

1927年，日本田中义一内阁以制定“满蒙政策”为目的召开“东方会议”，最后以《对华政策纲领》作为结论。《对华政策纲领》提出将“满蒙”（即中国东北三省及内蒙古地区）与“中国本土”分离对待的政策，试图将中国东北主权“剥离”出来，并指出“关于满蒙，特别是东三省，由于在国防和国民的生存上有着重大的利害关系，我国不仅要予以特殊的考虑，而且要使该地维持和平与发展经济，成为国内外人士安居的地方”，“万一动乱波及满蒙，治安混乱，我国在该地区之特殊地位和权益有遭侵害之虞时，不管来自何方，均将予以防卫——要有不失时机地采取适当措施之思想准备”。

然而，日本军部强硬的少壮派军官却认为日本内阁在“满蒙问题”上过于软弱，主张采取军事手段。所谓军事手段，不乏阴谋。1928年，关东军参谋河本大作在少壮派支持下制造了

“皇姑屯事件”，炸死不与日本合作的东北军阀张作霖，以此手段期冀引起东北大乱，以便关东军趁乱占领东北。

阴谋的起点：第一次刺杀张作霖

策划皇姑屯事件，可以说是日本成立伪满洲国过程中一次预谋已久的阴谋。这场阴谋的开始，甚至比事件本身更早。

1916年4月，张作霖当上了奉天督军，掌握着奉天省的军政大权。尽管这意味着张作霖在东三省享有极高的权力，但同时，这种权力又不得不受到宏观条件的制约，尤其是来自日本的压力。

对于日本而言，张作霖当了奉天督军背后的深意，是为他们选择"满蒙"政权提供新的候选人。日本统治集团的军政两界，很早就开始谋划实施"满蒙独立运动"。所谓"满蒙独立运动"，实际上是日本妄想把内蒙古东部和整个东北变成一个实体，成立一个独立的"满蒙"王国，由日本托管。

但张作霖是否是最佳，或者是合适的人选呢？日本内部出现了分歧，对张作霖有两种截然不同的看法，两派各执己见，相持不下。

张作霖

挺张派。以日本参谋本部次长田中义一、日本外务省和日本驻奉总领事为代表的一派则认为，实现“满蒙”独立，应该利用张作霖，张作霖是日本的最好帮手，应该鼓动张作霖独立，日本便可兵不血刃地占领东北。

宗社党派。以日本参谋本部、日本关东都督和日本浪人川岛浪速等为首的一派认为，要实现“满蒙”独立，就必须依靠宗社党和内蒙古叛匪。宗社党是一个以复辟清朝为宗旨的反动组织，其头目就是清朝的肃亲王善耆，成员大多是清朝的宗室贵族、遗老腐儒。他们积极投靠日本，企图借日本之力东山再起。日本也正想利用他们，以达到自己的目的。日本这两派势力互不联系，在东北和蒙古各自活动。

利用宗社党实现“满蒙独立”的构想，早在1915年夏袁世凯复辟帝制的时候就提出来了。日本人土井、川岛等人当时利用宗社党和内蒙古匪帮巴布扎布为主要力量，策划“满蒙独立运动”，计划开始付诸实施时，却遭到在华的日本外交官的反对，在这些外交官看来，依靠宗社党和内蒙古匪帮搞独立风险太大，如不成功，会使日本丢脸，不如改用张作霖来搞，更为妥当快捷。

但是这一理由却不足以说服川岛等人，他们坚持自己利用宗社党实现“满蒙独立”，并将张作霖视为实现这一目的的最大障碍。因此当务之急，就是策划暗中除掉张，然后乘乱杀入奉天城，使东北成为“宗社党”的天下，以便进一步达成“满蒙独立”的企图。

然而，也正是这场密谋和刺杀行动，让张作霖虽然无法表面上直接对抗日本，但也会在权衡中，拒绝日本人的无理要求。

挺宗社党的一派开始在暗处不断寻找机会，对张作霖下手。1916年5月，日本土井少将接到除掉张作霖的密令，马上来到奉天满铁附属地，并集结了日本浪人伊达顺之助、三村预备上校等组成“满蒙决死团”，刺探消息，以便伺机行动。

5月27日，机会来了。

这一天，日本天皇之弟闲院宫载仁亲王从俄国返回日本，途经奉天。张作霖特率部下汤玉麟等乘5辆豪华俄式马车，在骑兵卫队的护卫下，大张旗鼓地赶往车站，特此迎送。

去途平顺，但送走亲王的归途却出现了“意外”。

从奉天火车站归途的路上，马车经过小西边门，突然一颗炸弹从一层楼的窗户投掷而来。暗杀者没有见过张作霖，看见汤玉麟煊赫的气派，就把炸弹投向了他。刹那间，小西门大街硝烟弥漫，乱作一团。

坐在后边马车上的张作霖，不愧是将军风范，他第一时间情知有变，立即跳下马车，蹿上马背，以极快的速度同卫兵互换上衣，在四周马队的保护下，从小西边门背胡同，穿过大西边门绕道奔回将军署。

由于刺客惊慌失措，投弹不准，在后边护卫的卫队士兵被炸死了五六人，汤玉麟等人也只是受了轻伤。

但埋伏并不止于此。

当张作霖乘马飞驰途经奉天图书馆时，突然从图书馆门洞里跑出来一个人，手拿炸弹向张作霖扔去。幸好张作霖飞马疾驰，只听得一声炸弹爆炸的声音，身后燃起了浓烟，气浪冲飞了张的帽子，人并没有受伤。

历史有时可能会无意间和人们开个玩笑，这个刺客被自己投掷的炸弹击中要害，在大街上挣扎几下，便命丧西天。

就在张作霖赶回将军署时，他乘坐的马匹已经浑身是汗，后腿和马肚均不同程度受了伤。门卫见状，判断出大事了，赶紧在门口架起了机关枪，并紧急召集卫队，形成警备，整个将军署如临大敌。

随后，汤玉麟也快马赶到了将军署，好在他只略受轻伤。得知张作霖平安归来，才放下心来。

不一会儿，有卫兵进来报告："日本铁道守备队队长和日本驻奉总领事来慰问。"

没想到日本人这么快就急慌慌赶来探查这次"炸张"的效果。

张作霖气定神闲地对日本人说："哼，有人打我张作霖的主意，没那么容易！"日本人见张作霖神色自若，暗自称奇的同时，更感失落。

事发后，将军署派出密探，查清刺客。在检验被炸死的刺

沈阳大帅府内景

客尸体时，发现虽然他穿戴的是中国老百姓的服装，但他的脚形明显是常穿木屐的，可以确定是日本人。

面对这样的结果，张作霖有自己的想法。

尽管这次谋杀事件发生后，日本人造谣说，暗杀行动是宗社党干的，但是张作霖深知日本内部对于“满蒙”独立的企图，这次事件其实是内部挺宗社党派的暗中密谋，意图明显，令人愤懑。但另一方面，由于没有受到致命的伤害，事发又在日本人的势力圈内，张作霖决定对这次暗杀事件采取故作不知、未予追究的态度。

“别查了，拉倒吧！”张作霖对部下这么交代。甚至为了尽快平息事件，还故意在一个公开场合表明立场：“算了吧，单从脚形判断凶手，证据不足！”

因为在这样的大局大势下，张作霖更加明白，无法向日本人兴师问罪，继续追究只是自取其辱罢了。

尽管第一次刺杀，以这样的妥协结尾。但是这次暗杀事件给了张作霖一个重要教训，使他懂得，不能不对日本加以防备，当日本人的傀儡是极度危险的。

因此在以后的十多年里，张作霖既利用日本人达到自己的目的，也对日本保持一定的警惕性，并在可能的范围内抵制日本的无理要求。

未尽的阴谋：皇姑屯事件

妥协与抗争都在进行。

伴随对东三省的强烈觊觎，以及实际规划的不断跟进，日帝的企图与野心日益膨胀，无时无刻不选择时机，妄图创造傀儡政权。但与此同时，暗处生长的反抗也阻碍着他们的行动。

1927年，北伐开始，这次革命注定了历史大势的发展。国民革命军不断迫近京、津，势头猛烈。日本帝国主义者“惟恐战乱波及满洲”，向交战双方发出警告，声称：“动乱行将波及京、津地方，而满洲地方亦有蒙其影响之虞。夫满蒙之治安维持，为帝国之所最重视，苟有紊乱该地之治安……帝国政府为维持满洲治安计，不得不取适宜且有效之措置。”

与此同时，按其东方会议的决策，日本不断对张作霖施加压力，迫张及早离京，并乘机向张勒索“满蒙”的权益。

1928年5月，日本侵略者得寸进尺，要求张作霖“解决满蒙诸悬案”，还提出“条件十款，其苛毒不忍言”，屡次逼张。

日方还派出日使芳泽会见张作霖，就日本侵略者的诸多“权益”与张谈至深夜。

芳泽：“大势已经如此，为使战乱不波及京、津，收拾军队撤回满洲以维持满洲治安，我想无论对中国国民还是对奉天派都是万全之策。”

张满脸不悦，严词拒绝其请。

芳泽继续：“你们能打过北伐军吗？！”

张：“若打不过他们，我们可以退回关外。”

芳泽：“恐怕未必回得去吧。”

张：“关外是我们的家，愿意回去就回去，有什么不行呢？！”

芳泽见张作霖不上其圈套，就进一步采取威胁手段，从怀里掏出日本政府关于“满洲”问题警告南北双方的“通告”。

同时以张宗昌的事情向张威胁：“张宗昌的兵在济南杀死几十名日本侨民，你对此应负一切责任。”

这一连串的威逼，使张勃然大怒，他将手里的翡翠嘴旱烟袋猛力地向地下一摔，磕成两段，声色俱厉地冲着芳泽说：

“此事（指张宗昌杀日侨事）一无报告，二无调查，叫我负责，岂有此理！”话音未落就离开了会客厅。

三个多小时的会谈，无疾而终。

张作霖不仅口头上拒绝了芳泽的“劝告”，而且于1928年5月25日发表书面声明，反对日本1928年5月18日的“警告”。

日方见张作霖不妥协，决定对他继续施压，警告说：如果不听劝告，失败后想回东北，“日军当解除其武装”。同时，日本关东军还“开赴沈阳、锦州、山海关等地，并将关东军司令部由旅顺迁至沈阳，在沈阳满铁借用地分设六大警备区，日侨也组织日勇千余，剑拔弩张”。

在这种形势下，张作霖被迫表示离京回归东北。

作出这个决定，一方面是日本方面的逼迫；另一方面，北伐的势头正猛，也是又一股倒逼力量；再者，奉系内部也有自己的原因。

1928年4月5日，新军阀蒋介石为了扩大自己的地盘在徐州誓师，对以张作霖为首的北方旧军阀举行“第二次北伐”。9日，第一集团军发起全线进攻。30日，各路蒋军对济南发起总攻。5月下旬，蒋军已逼近京津地区。

就在日本迫使张作霖退回东北之时，奉系内部的“新派”，为便于和蒋介石、阎锡山妥协，也劝张离京。当时报刊报道说张作霖“有不得不出关的苦衷”：（一）张不离京，一切妥协和其他事均无从说起；（二）奉军新派人物，均极盼张速去，以望与党方合作。这其中还有一大原因是：奉张在军事上节节失利，军心已动摇。加之，张学良、杨宇霆等也力劝其回奉。于是就有了以下的时间表：

时间	事件
5月30日	张作霖召集张作相、孙传芳、杨宇霆、张学良举行会议，决定下总退却令
6月1日	“邀外交团入府”，在怀仁堂与外交团告别
6月2日	张作霖发表“出关通电”：本为救国而来，今救国志愿未偿，决不忍穷兵黩武。爰整饬所部退出京师

张作霖虽通电“退出京师”，但决不甘心放弃既得的统治地位。在离京前（6月1日），他命许兰州将“安国军大元帅”的印、旗、国务院的印信、外交部的重要档案全部运往关外，并下令“一切重要命令，仍须由大元帅盖印发表”。他梦想着“在关外庞然自大，一过其大元帅之瘾”，东山再起。

终究，乱世纷纷，趋利避害也好，成全妥协也罢。张作霖最终放弃北京，回归东北。值得肯定的是，张作霖万不答应日本提出的希望在东北得到的各种权益。也正是这样的行为引起了日本的不满。日方按照东方会议的“宗旨”，向其提出了最后通牒。日本关东军决定在张作霖回东北的路上除掉这个眼中钉，制造了皇姑屯事件，策划了继12年前第一次暗杀之后的又一次暗杀。

其实早在张作霖打算撤兵回东北之前，日本人就密谋抛弃张作霖，进而直接控制东北。同时，四处调兵遣将，抓紧控制东北各战略要地，等待时机下手。

作为皇姑屯事件的“总导演”日本关东军高级参谋河本大

作在张作霖返回东北的途中，为他布下了死亡阵局，在距沈阳一公里半的皇姑屯火车站附近的桥洞下放置了30袋炸药，并埋伏了一队冲锋队。

尽管张作霖行前曾接到部下的密报“老道口日军近来不许人通行”，希望多加防备，张作霖也三次变更启程时间，以迷惑外界，但他并未料到会在此行遭遇杀身之祸。

6月3日晚6时，张作霖离开北京大元帅府。

当时他乘坐的汽车是防弹型的汽车。这款汽车是英国制造，全部采用大型防弹钢板，以起到防患于未然的作用，并且由当时奉天迫击炮厂厂长沙顿驾驶，驱车保护。

与张作霖一起回东北的随行人员有靳云鹏、潘复、何丰林、刘哲、莫惠德、于国翰、阎泽溥、张作霖的六姨太和三儿子张学曾、日籍顾问町野和仪我等人。

回东北的专车有22节，是清朝慈禧太后用过的“花车”，装饰华丽，雍容贵气。为了保险起见，张作霖坐在专车的中间位置，车后有餐车，车前安排有一列压道车作前卫。这套“装备”从当时中国的制造技术来说，属于相对很高的水平了。但依旧没法抵御炸弹从暗处来袭的威力。

当天晚上8时，专车从北京车站开出。情势平稳，深夜的时候，专车经过山海关车站，黑龙江督军吴俊升专程在这里迎候。归途似乎在3日这天显得平顺安好，但是4日将要来临的灾难却也悄然而至。

4日清晨，日本驻奉天总领事林久治郎早早起了床，他爬上屋顶，用望远镜朝三洞桥方向瞭望，似乎在随时期待着那段桥被炸裂的快感。

5时23分，如果历史可以定格，那个时候的画面一定是惨烈而充满愤恨的。当张作霖乘坐的专车，钻进京奉（北京至沈阳）铁路和南满（吉林至大连）铁路交叉处的三洞桥时，一声冲天的巨响与浓烟遮盖着惨不忍睹的历史现场。就在专车驶过的一瞬间，埋伏在暗处的日本关东军大尉东宫铁男按下了控制炸弹的电钮。

花岗岩的桥墩被炸裂了，钢轨、桥梁被炸弯了，石头、碎木、土砾四处乱溅，掺杂着鲜血、尸骨。

张作霖专用车厢被炸得就剩下一个底盘，张作霖被炸出十米开外，咽喉破裂，血流汩汩；随行的吴俊升也早已血肉模糊，脑浆外溢，死相惨烈；日籍顾问仪我则被突然袭来的爆炸惊吓得抱头大叫；校尉处长温守善被埋在碎木土石下面；其他随行的人也不同程度地受了伤。

爆炸发生后，奉天省长刘尚清闻讯赶到现场组织救护。但是爆炸被计算得很准确，那节车厢被炸裂的程度足以致人死命。当张作霖被送到沈阳“大帅府”的时候，已经奄奄一息，即便是有高明的医疗救助措施，也徒劳无功，何况时代所限，医疗水平也无法与现在相比。最终，军医官抢救无效。

4日上午9时30分左右，气息仅存的张作霖对卢夫人说：

“告诉小六子（张学良的乳名），以国家为重，好好地干吧！我这个臭皮囊不算什么。叫小六子快回沈阳。”话音未落便撒手人寰，时年54岁。

日本人的阴谋得逞了。

东北易帜：一个将士的抉择与反抗

皇姑屯事件后，日本人似乎“意犹未尽”，希望趁热打铁制造混乱，于是又先后制造了奉军军车脱轨事件和沈阳炸弹案，还在沈阳城南搞起了演习。最为让人气愤的是，演习时，竟高唱着“南满是我们家乡……”占领东北的图谋昭然若揭。

为了控制局势变乱，防止日军伺机采取进一步的侵略与野心，奉天当局决定对张作霖的死密不发丧。只是向外界，淡淡地发表通电称：主座“身受微伤，精神尚好”。为了营造“假象”，还保持大帅府邸灯火通明，烟霞萦绕。

同时，安排杜医官每日按时到府上班，填写病案；厨房每日三餐按时送饭；家眷不准披麻戴孝、啼哭哀悼。

心怀鬼胎的日本人天天编造着各种理由，想慰问求见，都被谢绝。

也许是一家之主的逝去，让维护家国的心气倍增，怀着悲恸与怒火的张家内人，也都个个撑住场面：主持家政的五夫人浓妆艳抹，与前来窥探虚实的日本太太们从容周旋。

除了大帅府营造出的太平景象，奉天当局还下令全城戒严，势必要撑到少帅回府，统一安排部署。尽管这只是“缓兵之计”，但是由于这些“太平景象”，让日军难以判断张作霖是否毙命，所以也不敢贸然采取进一步行动。

皇姑屯事件发生时，张学良还远在兰州，得知关东军还要进一步行动，浑水摸鱼，趁乱占领沈阳。他乔装打扮成伙夫模样，跟随部队秘密赶回了奉天。但回到沈阳后，迎接他的却是惊天噩耗——主座已被日本人途中炸死。

在当时的情势下，根本不容谁有时间去悲痛，哪怕是亲骨肉。为保国家大业，遵父亲临终嘱托，此时的张学良强忍悲痛，决定妥善安排好一切后，再公布死讯。他还模仿张作霖笔迹签发命令。6月21日一切相关事宜安排妥当，当局才对外公布张作霖死讯。

为了怀念死去的父亲，铭记杀父之仇，张学良承担起了主政东北的职责。这一方家国的满腔热情在酝酿，另一方的日本依旧没有停止他们的“满蒙独立”的执念。他们谋害了不愿意妥协的张作霖，又开始试图说服少帅张学良。但是在家仇国难面前，这份说服究竟能多大程度奏效呢?

当时，担任张学良军事顾问的日本特务头子土肥原贤二起草了一份计划，想劝服张学良在东北称帝，其实是想让他做日本统治东北的傀儡。也许是出于对这份计划的“自信”，土肥

张学良

原料想，张学良可能会“识时务”地接受这个肥滴滴的计划。

然而，出乎土肥原的意料，当他把这份“精心策划”的文件送到张学良面前时，少帅当面质问：“你让我当什么满洲皇帝，你这是什么意思？”

面对这样的质问，土肥原面红耳赤，说不出一句话，夹起皮包，灰溜溜离去。张学良当然明白这份计划的含义，他提出让日军参谋本部调走军事顾问土肥原。但张学良只是得到了如下的回应：“这个顾问是日本政府派来的，我们没权调动。”

他心头愤懑：“好，你们没权，我没法子。那么我有这个权吧——我不见土肥原！我不跟他谈话！以后土肥原顾问来，我任何时候都不见。”这种反抗，默默地在年轻的少帅心中成长起来，对于他而言，父亲遗言里的话，字字戳心，“以国家为重”，什么是国，什么是家。他需要作出抉择，需要做出反抗。

从全国的形势来看，当时蒋介石等已和平接收京、津；新疆督办杨增新、热河奉军主将汤玉麟也都先后宣布易帜，服从三民主义。

从兵力比较上，国民革命军的实力远远超过了奉军，但是考虑到兵出山海关会遭到日本人的干涉，重演“济南惨案”，所以蒋介石反对乘胜出关追击并消灭奉军。

张学良方面，面对北伐，他有以下几点考虑。首先，由于他一直以来反对内战，主张把国家利益放在首位，希望国家统一；其次，他对北伐的国民革命军的战斗力和组织管理、政治工作都心怀佩服。并且从心里认为：“我张学良没有统一中国的能力，但我有诚心服从能统一中国的人。”所以东北易帜的想法和计划，在少帅心中萦绕，他决定尽全力达成这个目标。

7月初，张学良发起成立了由王树翰、邢士廉、米春霖、徐祖贻等人组成的代表团，赴关内与国民政府磋商易帜事宜。张学良向蒋介石表示：对易帜、实行三民主义皆毫无异议，但有四个问题须亟待解决，即外交方面、党务方面、政治分会问题及暂停对热河军事行动问题。妥善处理好诸问题后，他初步计划于7月21日易帜。

但实现易帜，道阻且长。一方面要和国民政府做好沟通和对接工作。另一方面，也正是“顽疾”所在——对抗日本的不合理要求。

当时，日本田中义一首相密电沈阳的日本总领事林久治郎，几度晤见张学良，要求实行《满蒙新五路协定》。张学良巧妙应答："皇姑屯炸弹已将张作霖专车里的所有文件全部毁灭，一切都已无根据。"

次日，林久治郎再访张学良，向张学良转交日本首相田中的信件，信中再次反对东北"易帜"，并要求履行所谓"日张密约"。还向他提出了为何不能与南京国民政府妥协的三点建议：一、南京国民政府含有共产色彩，且地位尚未稳定，东北目前没必要与南京方面发生联系；二、如果国民政府以武力进攻东北，日本愿意出兵相助；三、如果东北财政发生困难，日本正金银行愿予充分接济。

张学良接到这样的建议后，并没有为其所动。他心平气和地回答林久治郎："我可不可以把日本不愿中国统一的意见，或东北不能易帜是由于日本的干涉这项事实报告国民政府？"

张学良深知这种赤裸裸地干涉中国内政的手段，在当时的国际社会是不被赞同的。他进而表示："东三省政治以民意为决定。如果人民主张改制，我是难以抗拒的。"

但在阻碍张学良易帜的道路上，日本不会就此罢休，对于日本而言，实现在东北的权益，是一场长线运动，他们似乎准备好了足够的耐心。所以在林久治郎的"公关"失败后，关东军司令冈村中将又会晤张学良。

这次会晤并不像之前保持着和气，暗处的火焰昭告着日本的勃勃野心。冈村中将正告张学良不要易帜，否则"关东军是不会坐视不问的"。

兴许时局所限，那时，千钧压力都压在张学良的身上，生死存亡的抉择也总显得艰难。迫于压力，张学良只好将原定东三省通电易帜的日期延后。他在给蒋介石的电文中说：“弟现在实处两难，不易帜无以对我兄，无以对全国，易帜则祸乱立生，无以对三省父老。现奉垣形势，我兄定悉。”

东北易帜的时间被推后。张学良与日本的较量却没有停止。在这样的内外环境下，8月4日，张作霖的葬礼如期举行。这一场葬礼的举行，让张学良坚定了自己选择的阵营。

在阵阵哀乐声中张学良披麻戴孝，跪地向父亲敬香。心中国难家仇，万千悲苦。他起身看到了南京政府方面送来的挽联：“噩耗传来，几使山河变色；兴邦多难，应怜风雨同舟。”心中涌起一种难以名状的感激。

但另一方面，日本的冷酷威逼也日渐加紧，即便在这丧礼的日子。

丧礼结束的第二天，日本驻奉天总领事馆举行宴会欢迎日本首相田中义一的特使林权助，并邀请张学良赴宴。一上来，林权助就摆出一副强权者的嘴脸，完全无视中国的国家主权与丧父不久的少帅心情。林权助首先转达了田中首相的旨意，强调了日本在“满蒙”有特殊权益，暗示少帅不要“陷入南方人设下的圈套”。尽管心中愤怒与不满，但张学良不卑不亢地告诉来使：“对于日本方面的劝告，我固然十分尊重，但决不能因此而违背东三省的民意。统一与否，是中国内部的事情，正如我们不关心你们帝国内部的事一样，想必日本友邦对我们国家内部的事不会太感兴趣吧！”

但林权助的威胁却更加令人发指：“如果中国东北不听日本劝告，而与暴动的南方达成妥协之类事情，为了维护我国既得权利，则将不得不采取必要的行动。”并声称：日本政府对于东北易帜一事，一路要干涉到底。

面对这样的蛮横无理与公然侮辱，张学良愤然道：“日方欺我太甚，誓必易帜，即死于青天白日旗下，吾亦甘心。”

此时，国际社会也开始支持张学良易帜。美国驻华公使马慕瑞抵达奉天，与张学良派去的代表杨宇霆会谈，表示支持东北易帜。还派著名记者端纳到奉天，做张学良的工作。张学良坚定地表示：“东北是中国的，我不会接受日本的命令。”蒋介石方面也不断跟进支持易帜工作。这些都给了张学良很大的鼓励。

12月14日，东北保安司令部召开会议，决定于1929年1月1日元旦实行易帜。但依旧有人对于易帜问题提出不同意见，唯有张学良坚持非办不可。他说：“完成统一事大，外人威胁事小。我引国府及国民党势力下之舆论相助，外人其奈我何？”

蒋介石电示张学良：不必等到元旦，应提前三天。24日，张学良密电奉天省长等人，决定于29日易帜。

几个月的周旋与明处暗处的反抗，终于在这一年的冬天里有了结局。

12月29日，易帜典礼在奉天省府礼堂举行。张学良在即席演讲中激动地说道："我们为什么易帜？实则是效法某先进国的做法。某方起初也是军阀操权，妨碍中央统治，国家因此积弱。其后军阀觉悟，奉还大政于中央，立致富强。我们今天也就是不想分中央的权力，举政权还给中央，以谋求中国的真正统一。"

会后，张学良便向全国发布易帜通电："自应仰承先大元帅遗志，力谋统一，贯彻和平，已于即日起宣布，遵守三民主义，服从国民政府，改易旗帜。"

当日，南京国民政府电复庆贺："完成统一，捍卫边防，并力一心，相与致中国于独立自由平等之盛，有厚望焉。"

31日，南京国民政府正式批准任命：

任命名录	任命职务	司令 / 主席
张学良	东北边防军司令长官	张学良
张作相、万福麟	东北边防军副司令长官	——
翟文选等十一人	奉天省政府委员	翟文选为主席
张作相等十一人	吉林省政府委员	张作相为主席
常荫槐等十一人	黑龙江省政府委员	常荫槐为主席
汤玉麟、金鼎臣等六人	热河省政府委员	汤玉麟为主席

东北易帜，张学良作出的这个抉择，拥有改写历史的巨大

能量，给了日本帝国主义沉重的一击。即便当时日军在东北布置了为数不少的日本间谍，但是这个决定的作出却让日方显得十分意外甚至是措手不及，如晴天霹雳。

几万面青天白日满地红旗在奉天城内的各机关、学校、商店、住宅等地迎风飘扬，吉林、黑龙江、热河同时易帜。至此，东三省各地改旗易帜工作基本结束。历史翻开了新的篇章。

九一八事变：抗日爱国的起点

“九一八事变”的发动，是日本帝国主义在选择“满蒙”问题候选人失落之后的又一场逼迫式的阴谋，日本试图通过发动“九一八事变”来转移由于国内经济危机带来的巨大阶级矛盾。这场阴谋是日本解决“满蒙”问题上甚为关键的一环，但也正是这场事变开启了中国全民抗日爱国运动的序幕。

早在1927年6月，日本首相田中义一就主持召开了“东方会议”，在这场臭名昭著的会议上，日本制定了《对华政策纲领》（即田中奏折），确立了“把满洲从中国本土分裂出来，自成一区，置于日本势力之下”的侵略方针。在这样的方针指导下，日本选定了张作霖作为候选人，开始了“逼张行动”，最终以皇姑屯事件结尾；又旋即转向少帅张学良，但东北易帜打破了日本的“如意算盘”。

两次失利，开始让日本寻找新的办法。诉诸武力，往往成为最为奏效的手段。

1930年年末，日军参谋本部确定分三个阶段解决“满洲问题”，即：打破现状，建立亲日政权，最后完全占领。此后开始紧密布置。加之，1931年，受世界性金融危机的影响，日本陷入极端困难的境地。日本政府急于发动一场对中国的战争，借以转移国人视线，缓和阶级矛盾。于是在1931年6月，日军制定《解决满洲问题方策大纲》中确定采取军事行动。8月4日，日本陆相南次郎声称“满蒙问题只能用武力解决”。

“武力解决”四个字开启了日本侵华的“腥风血雨”。

1931年9月18日，在板垣征四郎、石原莞尔、花谷正、土肥原贤二等人的策划下，日本关东军在沈阳发动“九一八事变”。这场事变是日本帝国主义长期以来推行对华侵略扩张政策的必然结果，也是企图把中国变为其独占的殖民地而采取的重要步骤。它掀开了日帝侵华的大幕。

那天傍晚，盘踞在中国东北的日本关东军，按照事先精心策划好的阴谋进行“布置”。关东军虎石台独立守备队第2营第3连离开原驻地虎石台兵营，沿南满铁路向南行进。由铁道“守备队”炸毁沈阳柳条湖附近段铁路。由于南满铁路路轨是日本修筑的，所以日本蓄意找茬，把炸毁铁路栽赃在中国军队身上。夜里22点20分左右，日本人将中国人的尸体摆放在爆炸现场，作为东北军破坏铁路的证据，诬称中国军队破坏铁路并袭击日守备队。这样一来，就为侵华找到了一个冠冕堂皇的借口。

同时，乘势而上的日军开始依托这一借口，待在铁路爆破点以北约四公里的文官屯的川岛中队长，立即率兵南下，开始袭击北大营，制造了震惊中外的“九一八事变”。

这场由日本帝国主义发动的战争成为世界反法西斯战争的起点，揭开了第二次世界大战东方战场的序幕。两个月内，关东军迅速占领辽宁、吉林、黑龙江三省，并在各省扶植了地方性的亲日政权——辽宁的臧式毅，吉林的熙洽，黑龙江的马占山。直到1932年2月，东北全境沦陷。

日本的侵略野心与规划开始步步紧逼。

伪满洲国的建立——耻辱与执妄

在侵略野心下，日本帝国主义继而在中国东北建立了伪满洲国傀儡政权，开始了对东北人民长达14年之久的奴役和殖民统治，使3000多万东北同胞在日帝国主义的侵略与欺凌中，饱受亡国奴的苦痛。

前文已经提及，日本关东军一直试图在中国东北建立亲日的政权。“九一八事变”只是诸多阴谋未果之后，武力解决满蒙问题的一步棋。起先，皇姑屯事件结束了日本对于张作霖的“厚望”，东北易帜又让日本对于少帅张学良的“寄托”落空。日本开始寻找新的人选。

1931年年底，原日本陆军大臣南次郎前往东北，与关东军司令官本庄繁和关东军特务机关长土肥原贤二等人商讨事变进展。几人密谋如何推进“满蒙问题”的解决。借着“九一八事变”，日本更加狂妄，在东北成立伪满洲国的野心开始无限膨胀。

乱世纷纷，此时的中国派系众多，一直冀望复辟清朝的前清贵族认为“九一八事变”把“竞争势力”击退，正好为他们“光复大清”的美梦开辟了一个绝佳的时机，他们天真地认为日本作为友邦，可以帮助他们实现这一“复国理想”。正是这样的异想天开，开启了中国历史上一段新的屈辱史。

“九一八事变”后，当时吉林省的长官由于奔丧不在城中，清朝宗室、时为吉林省军参谋长的熙洽便趁机密谋“复清”大计，他下令打开吉林城门向日本投降，希望获得日本的同情和支持。继而，熙洽密信清朝逊帝溥仪。在密信中，他请“皇上”回到“祖宗发祥地，复辟大清，救民于水火”，在“友邦”（日本）支持下，先据有东北，再图关内。

很快，熙洽升任为吉林省代理长官，集结了诸多的满洲贵族，向日本方面提出迎接溥仪至东北、建立君主制的国家的要求。这一要求正好与日本方面在东北成立“新国家”的“规划”不谋而合。

日本关东军方面也早已认定溥仪是合适的“傀儡”人选。第一，溥仪“同中国本部的国民党没有任何联系”；第二，“满洲和蒙古的一些旧的阶层对于清朝还怀有传统的向往”；第三，“一般无知的农民……对由满族的爱新觉罗家实行的王道政治似乎更加欢迎”。正是基于这样的原因，溥仪被阴谋推上了历史的风口浪尖。

1932年1月28日，返回日本的南次郎向日本天皇作了《满洲

伪满洲国成立

近况》的报告，在这份报告中，提出了在东北建立“新国家”的建议，并有理有据地说明了这一建议的可行性与益处。南次郎指出，在东北成立“新国家”不仅可以为日本进攻苏联，进而攫取更多的利益提供便利，还可以展望“向北发展”的蓝图。同时最为重要的是，成立伪满洲国可以使日本控制这个地区的经济命脉，获得永远自足的资源和优势，解决日本岛国人多地少的矛盾。另外，当时日本国内正在经历着世界经济危机的冲击，成立这样的“新国家”可以说是“一石数鸟”。也正是这份罪恶的报告，使得成立伪满洲国很快“提上议程”。

对于日本而言，占领东北并不能满足其日益膨胀的野心，在“九一八事变”之后，日本拒绝执行“国联”要求其从中国撤军的决定，同时更加嚣张地加快了部署侵略中国的计划。而这个计划之一，就是想把天津变成第二个沈阳，蓄意策划第二

长春伪皇宫

个“九一八事变”。

这一年的9月23日上午，在关东军参谋长的办公室里，四个人正在秘密规划着。土肥原贤二神采飞扬、喜形于色地讲述着他的计划方案。他刚刚策划并执行完吞并中国东三省的计划。作为特务头子，土肥原贤二对于自己提出的这个方案，显得信心十足。

这个方案的核心内容是建立由日本控制、脱离中国本土的“满蒙王族共和国”，关键是选择一个“靠谱”的候选人，而溥仪成为“众望所归”。很快，日本中央军事机构根据土肥原的这一方案制定了《满洲问题处理方针纲要》，这份纲要可以看作是日本成立“伪满洲国”的一份执行方案。

日方派土肥原贤二到天津，并策划一系列肆意制造混乱的事件，即“天津事件”①，以方便日军借机进入天津进行侵略和占领活动。而另一个更深层的意图是，土肥原贤二想伺机挟持溥仪去东北，担任傀儡。

从1931年10月开始，土肥原贤二由沈阳潜入天津，阴谋策划组织一系列破坏活动。同时，在这期间又借助各种软硬兼施的手段，加紧对清逊帝溥仪的“游说”。某日，土肥原闯进了溥仪在天津的居所——静园。

① 天津事件指的是“九一八事变”后日本侵略军在天津制造的一连串挑衅事件。1931年11月8日，驻天津日军袭击市公安局、市政府及省政府，策动汉奸李际春、张壁组织游民千余人，冲入华界，发动武装暴乱。

考虑到溥仪朝思暮想重当清帝的心理，土肥原表现出前所未有的温和恭顺甚至是谄媚。他对溥仪说："张学良把'满洲'闹得民不聊生，日本人的权益和生命财产得不到任何保证，日本因此而出兵。关东军绝无占据贵国领土野心，诚心诚意地要帮助'满洲'人民建立自己的新国家，国不能无主，你不要错过这个机会，尽快回到祖先的发祥地领导这个国家。"

土肥原越说越激动，字字饱满，表面上带着无比的"诚意"。"不要错失良机""回归故土重回帝王"的呼唤让身处乱世纷争的溥仪，似乎重新燃起了希望。他当即表示赞同。

但是事情远远不是一个人可以拍板决定，历史的复杂性和戏剧性往往都缘于此。尽管溥仪的点头赞成让土肥原信心满满。然而由于日本军部和内阁对于起用溥仪及时机问题的认识仍未统一，所以这件事又生出来一些变故。这些变故不仅造成了日方内部的不统一，也使得溥仪身边的清朝遗老朝臣们发生了争执。在这样的境地下，溥仪也陷入了混乱，无所适从，犹豫不决。

游说的"艺术"就在于，可以软，也可以硬。土肥原兴许早已预料到谈判和说服会遭遇的种种可能的困境。在和颜悦色的劝说未果时，土肥原安排手下的特务采取流氓手段进行恫吓：溥仪轮番受到惊吓，要么就是收到言辞惊人的恐吓信，要么就是威胁电话，要么就是陌生人送炸弹过来，要么就是看到身藏短刀的人溜达来溜达去。

溥仪本是帝王，身材瘦弱，也经不住这样的恐吓惊吓。加上，11月8日爆发的天津事变，种种动乱，倒逼着时局。

11月8日动乱爆发当日，日租界和附近的中国管区宣布戒严。日军的装甲车以“保护”的名义开到了溥仪住宅“静园”门口。就在当天晚上，溥仪按照土肥原的精心安排潜出家门，经舟车辗转秘密到达旅顺。日本的诡计终于实现。

1932年2月16日，日本关东军召集张景惠、熙洽、马占山、臧式毅、谢介石、于冲汉、赵欣伯、袁金铠等人在沈阳大和旅馆召开“东北政务会议”，会议由关东军司令官本庄繁主持。会议决定成立“满洲国”，迎接溥仪为伪满洲国执政。同时作为“国家机器”还分配了各人在政权中的职务，其中板垣征四郎任奉天特务机关长、伪满洲国军政最高顾问。实际上，军政大权完全掌握在日本一方。

18日发布的“独立宣言”，远远不是它表面上宣称的那么高尚，这份宣言中写道：“从即日起宣布满蒙地区同中国中央政府脱离关系，根据满蒙居民的自由选择与呼吁，满蒙地区从此实行完全独立，成立完全独立自主之政府。”可是，所谓的独立自由从何而来？一副傀儡政权的面目，昭然若揭。

这一年早春二月的天气似乎并没有迎来一个春光盈盈的节气。在关东军开完“东北政务会议”，对于“满洲国”的一些安排作出密谋之后，23日，坂垣在抚顺与溥仪会面，告知溥仪

溥仪与婉容合影

出任伪满洲国执政。

溥仪原本以为，日本是友善邦邻，会让他在清朝故土实现他的重登帝位之梦，但是这也仅仅是一场梦。“执政”一词在溥仪这里显得并不那么让人如意，甚至有些令人不安，但是对于这样的安排，他除了接受似乎并没有反抗的理由和能力。

3月1日，伪满洲国宣布成立。伪首都设在长春，并改名为新京。6日，溥仪从抚顺出发，9日到达长春，正式宣布就任伪满洲国执政，年号为“大同”。伪满洲国的政权就这样在无尽的屈辱与阴谋中成立了，尽管遭遇到了中央政府的严重反对，也面临着中华民族内生的反抗。但是它所开启的耻辱，是那个时代的历史留给我们最为沉痛的教训。

伪满洲国成立以后，日本千方百计通过与伪满洲国签订各种密约，攫取各类权益。

名称	签订日期	签订双方
《关于满洲国铁路、港湾、水路、航空等的管理和线路铺设管理协约》及基于该协约的附属协定	1932年8月7日	伪满国务总理郑孝胥与关东军司令官本庄繁
《关于设立航空公司的协定》	1932年8月7日	伪满国务总理郑孝胥与关东军司令官本庄繁
《关于确定矿业权的协定》	1932年9月9日	伪满国务总理郑孝胥与关东军司令官武藤信义

（续表）

名称	签订日期	签订双方
《日满议定书》及附件协议	1932年9月15日	伪满国务总理郑孝胥与关东军司令官兼驻伪满洲国特命全权大使武藤信义

这些协议的签订，无疑使得日本对东三省的控制愈发加紧，攫取各类权益的野心更加肆意，尤其是《日满议定书》的签订，让伪满洲国沦为“被保护国”，成为日本控制下的傀儡政权。在这份协议中，日本正式承认伪满洲国。但这一承认有着无数的条件和约束。

以下是《日满议定书》的主要内容：

因日本国确认“满洲国”根据其住民之意志自由成立而成独立“国家”的事实。因“满洲国”宣言，中华民国所有之国际条款，其应得适用我“满洲国”为限，即应尊重之。

日本国政府为永远巩固“满日两国”善邻之关系，互相尊重其领土权，且确保东洋和平起见，为协定如左：

“满洲国”将来“满日两国”间未另定款约之前，在“满洲国”领域内，日本国或日本国民依据与中华民国既存之条款协定，其他约款及公私契约所有之一切权利利益，即应确尊重之。

“满洲国”及日本国，确认对于“缔约国”一方之领土及治安之一切威胁，同时亦对于“缔约国”地方之安宁及存在之威胁，相曰“两国”共同当防卫“国家”之任，为此要之日本国军驻屯于“满洲国”内。

本议定书自签名之日即生效力

本议定书缮成汉文日文各二份，汉文与日文之间如遇解释相异之所应以日文原文为准

为之记名者各奉本国政府正当委任本议定书签名盖印以昭信守

大同元年九月十五日订于新京

这些条件和约束让《日满议定书》变成了日本对伪满洲国赤裸裸的强权和剥削。表面上，日本借口帮助伪满洲国国防及维持治安所必须，实则是大肆攫取侵略权益。它规定日本在伪满洲国驻军担负伪满洲国的国防，还通过附件协议，让侵略和掠夺进一步具体化，其中规定由日本管理伪满洲国的铁路、港湾、航路、航空线等，规定日本军队所需各种物资、设备由伪满洲国负责，日本有权开发矿山，日本人有权充任伪满洲国官吏，日本有权向伪满洲国移民，等等。这样一来整个伪满洲国的政治、军事、海陆空交通、通讯及矿业全部被关东军所垄断，伪满已沦为一个不折不扣的傀儡政权。

《日满议定书》的签订，让日本自日俄战争以来，攫取中国东北权益的企图得以实现。更为深远而惨痛的影响是，依托这份协议日本攫取的各项权益，将中国东北地区变成了其扩大侵略战争的军事、物资供应基地，“伪满洲国”成为支持日本

长达14年侵略战争的“保障”。

身处其中的东北人民，则饱受其苦，受尽屈辱。然而，尽管耻辱的侵略史与奴役史开始在中国的土地上不断上演，但同时更多的是在这种侵略下的反抗与斗争。东北人民自发组织起抗日义勇军，抵抗日军的侵略，中国共产党派杨靖宇等人在东北组织游击队，开展抗日游击战争。

日本扶植的伪满洲国皇帝溥仪

下篇

抵御外侮不解甲之抗日义勇军

起来！不愿做奴隶的人们！把我们的血肉，筑成我们新的长城！中华民族到了最危险的时候，每个人被迫着发出最后的吼声！起来！起来！起来！我们万众一心，冒着敌人的炮火前进，冒着敌人的炮火前进！前进！前进！进！！

——《义勇军进行曲》

当这首由田汉作词、聂耳作曲的中华人民共和国国歌旋律响起的时候，我们似乎都会不约而同地在脑海中浮现那个战火纷飞的时代里，无数中华儿女浴血奋战、保家卫国的情景。但是对于现在的年轻一代，似乎鲜有人知这首歌曲的来历。“九一八事变”后，有多少中华人民为了保护家国，组织抗敌，在国家沦丧之时，是他们走在了奋勇反抗的最前线。

1931年“九一八事变”点燃了东北人民抗日救国的烽火，东北100余个县的各阶层群众和东北军、警察部队的部分官兵纷纷组成义勇军、救国军、自卫军、大刀会、红枪会等抗日武装，奋起抗战。东北义勇军成了这一自发组织的统称。以下是几个比较著名的抗日义勇军队伍：

义勇军组织名称	领导人物
黑龙江抗日救国军	马占山（总司令）
吉林中国国民救国军	王德林（总指挥）
吉林自卫军	李杜（总司令）
东北民众自卫军	邓铁梅（总司令）
东北民众抗日义勇军	耿继周（首领）
东北民众救国军	苏炳文（总司令）

东北义勇军来源广泛，有工人、农民、学生、知识分子、东北军官兵、地方官吏和士绅，还有遍布东北各地的绿林武装以及民间团体红枪会、大刀会等。到1932年夏，东北抗日义勇军发展到30余万人，活动遍及东北三省及热河省172县中的102个县和沈阳、长春、吉林、哈尔滨、齐齐哈尔等大中城市，迫使日军不得不多次向东北增兵设防，以维护其殖民统治。下表是东北义勇军大致的发展历史：

日本侵略者的暴行

时间	主要事件
1931年9月18日	辽宁省警务处处长黄显声率先率领部分警察部队抗击日军，后往辽西地区将民团和地方保安部队组成辽宁抗日义勇军
1931年10月初	曾任凤城县警察署署长的邓铁梅在该县建立东北民众自卫军
1931年11月	北平东北社会名流组织的东北民众抗日救国会，将辽宁各地及热东、蒙边地区的义勇军统一改称东北民众自卫义勇军
1932年1月31日	李杜等在哈尔滨成立吉林自卫军
1932年2月	东北军营长王德林建立中国国民救国军
1932年11月	东北军将领马占山撤至海伦地区后吸收各抗日武装组成义勇军约5万人
1932年年底	东北抗日义勇军各部发展到约50万人。在辽宁南部、吉林东部和黑龙江嫩江地区进行游击战争
1933年	国民政府支持东北义勇军，成立东北协会(1933–1948年)，负责人裴毓贞
1933年冬	东北抗日义勇军大部溃散，部分接受中共领导，继续战斗，后成为东北抗日联军的组成部分

“九一八事变”之后，日本对华的侵略愈发猖狂，尤其在东三省更是肆无忌惮，依托成立的伪“满洲国”与签订的不平等协定，大肆攫取各项权益，东北义勇军尽管努力抗争，但是在日军强大兵力的进攻下，由于缺乏统一领导，加上东北义勇军作为松散的自发组织，成分复杂，1933年基本瓦解。一部分退入关内，一部分加入共产党领导的抗日武装，成为东北

“抗联”的前身，继续坚持斗争。1934年3月，东北义勇军大部队溃散后，根据中共珠河中心县委的指示，赵尚志召集“爱民”“青林”“北来”“七省”“友好”等十多个反日义勇军首领开会。会上共同决定成立东北反日联合军总司令部，一致推举赵尚志为总司令。在不投降、不卖国、反日到底、没收日本帝国主义及其走狗的一切财产和土地充作战费、保护群众利益、武装群众共同反日抗战、允许群众性反日组织的自由等条件下，义勇军与各抗日队伍共同抗日。

在十余年间，义勇军队伍共参与战斗2万余次，毙伤俘日军5万余人、伪军6万余人，给日伪军以沉重打击。这支奋勇抗日的义勇军队伍，充分发挥着中华儿女抵御外辱的爱国主义精神，奋勇杀敌，为建立东北抗日武装统一战线和创建东北抗日联军提供了条件和经验；为东北和全国抗日战争的胜利作出了重要贡献。

在抵抗日本侵略的14年里，无数东北义勇军在爱国将领的带领下，奋勇抗敌，尽管力量微弱，但也在那个时代造成了对日本的威胁，英雄事迹可歌可泣。

“抗日义勇军”这个光荣的称号，见证着无数将士在那个时代的英勇事迹与人生信念。这一称号的缔造者黄显声将军就是其中一位。

东北抗日义勇军缔造者——黄显声

“骑富士山头展铁蹄，倭奴灭，践踏樱花归。”

这句话出自黄显声将军至今存留的一个自治印章。词中杀敌抗争的英雄气魄就如黄将军本人谱写的那段历史一般，他缔造了“抗日义勇军”的伟大称呼，也率领英雄的东北将士和人民英勇抗敌，威武不屈。

黄显声，1896年生，辽宁岫岩人，历任东北军新一旅旅长（也有一种说法称其是张学良卫队旅旅长）、东北讲武堂教育长、东北军骑兵第二师师长、五十三军副军长兼一一九师师长。曾协助张学良将军发动西安事变。

在黄显声的一生中，凡认识他的人都会被他的气节和胆量所折服，出生于东北的他是一条真正的关东好汉，即便在其遇害时，也依旧“虎入笼中威不倒”，宁持刃而死，决不引颈就戮，不失军中男儿本色。这是黄显声将军一生的写照和信仰。尤其是在“九一八事变”发生后，他的抉择和英勇，开启了东北义勇军奋起抗日的新篇章。

东北军中人称“三个省只有两个明白人”，一个是臧式毅，另一个就是黄显声。早在“九一八事变”前，臧式毅就曾多次苦苦警告张学良日军即将动手，但得到的回复都是要求镇定，万一打起来不抵抗，等待“九国公约”的调停等。臧式毅自知无力回天，在“九一八事变”发生时，悲愤地让东北军参谋长荣臻“赶快出去调兵遣将收复沈阳吧”，自己则以地方官守土有责，留下办交涉不肯离去，后绝食未死，被日方拉入伪满政府，晚节未保。

而黄显声则有自己的办法。

1931年8月底，他已经通过当时的警务督察长熊飞弄到日军情报，知道事变即将发生。但与众不同的是，他并没有选择坐以待毙，回到沈阳后，就当即下令各县警察队公安队扩充成12个总队，并发放枪支弹药。尽管这只是一个东北军官小小的举动，但这个举动却有着深远的意义，这批枪支成了后来东北各路义勇军中的主要武器来源之一。在后来的东北抗日义勇军中，原东北的警察人员占据了相当高的比例，而且多位著名的义勇军指挥官，如邓铁梅、王凤阁、高玉山等也都是原东北警察出身。不得不说，一位颇具气度与胆识的将士，在家国生死攸关之际，作出了这样的举动和选择，需要承受的压力，异于常人。同时，黄显声还对沈阳的警察进行了充分的部署。他将2000名警察组编成一个总队并派发枪支。而他自己则从9月初就进入昼夜警备状态，随时准备应变。也正是凭借这样的毅力和胆量，在“九一八事变”当天，第一声炮弹的爆炸声刚刚响过，黄和他的队伍就开始行动，离开机关，投入抗击。

“九一八事变”沈阳沦陷后，黄显声率领的警察及公安武装部队撤到了锦州，当即下令整编省警务处所属公安部队，调集全省各县干警补充兵力，重新编成了3个公安骑兵总队，组成了一支重要的抗日武装力量。

在锦州期间，黄显声励精图治，大力组织和扩充地方武装。但在中国执政当局方面，尽管表面上支持黄将军的抗日武装形成对日本方面的牵制，但实际又惧怕形成中国正规军与日军交战的口实，所以并未同意给这些抗日武装力量以正规番号。在这种思想的支配下，张学良下令吉、黑等将领的部下（原来东北军的正规部队）一律不得使用正规军番号，只能以“自卫军”“救国军”等名义。

但事实上呢？这种做法非但没有减少日军对中国军队的进攻，反倒助长了其嚣张气焰。另一方面，参与抗日的正规军，也因为自己连番号都不能使用而气馁。各路抗战部队的士气受到了极大的影响。

黄显声看在眼里，急在心上，他急中生智，作出了一个重要的决定，将新编部队改称为“辽宁抗日义勇军”，编张海天部为第一路，项青山部为第二路，陆续委任达二十余路，自己担任总司令。这便是“抗日义勇军”的最初来历。

抗日义勇军。也许连黄显声自己都无法预料，这一称号不仅鼓舞了时人的士气，重要的是义勇军的英勇与奋进都被写进了《义勇军进行曲》，成为中华人民共和国成立至今最为昂扬、最为鼓舞人心的国家之歌。

“义勇军”这一称号被广泛传播开来，为了更好地抵御外敌，黄显声认为仅靠现有能够集中起来的这些力量，远不足以抵抗日本的侵略，必须大力发展民众的武装抗日力量。在得到张学良的默许之后，黄显声以省警务处的名义，与各地爱国人士广泛联系，积极组织民众参加抗日义勇军的工作。

在外敌面前，东北爱国儿女出现了前所未有的爱国热情和保家卫国的决心。很快，黄显声的努力奏效了。

1931年9月27日，东北爱国人士高崇民、阎宝航、王化一、车向忱、卢广绩等人，在北京发起成立东北民众抗日救国会。作为该会31名执委之一的黄显声，对抗日救国会的工作予以大力支持。他还部署各地成立武装民团，鼓励和支持退役以及潜回家乡的原东北军官组建抗日义勇军。

为了更好地组织管理义勇军，鼓舞士气，黄显声按照军事化的管理思路，制定了民众武装的“编委方案”，方案中不仅对民众抗日武装的组编程序、奖励办法、经费来源等都做了详尽的规定，还规定“凡能举义抗日的民众武装的领导人，均授予一定的军职和军衔”（如下表）：

率领人数	军职军衔
不满100人之部队	当俟与他部队合并，俟达定额后，派委员检阅，然后付给编成费
率武装100人者	任上尉
率武装骑兵250人或步兵500人以上者	任上校营长
率武装骑兵500人或步兵1000人以上者	任上校团长

同时，在这份方案中，黄将军还作出了武装力量规模扩充的计划，计划在辽西组编8万义勇军。后来实现的成果大大超过了原来预想的目标。当时各地爱国志士纷纷前来商讨组建义勇军事宜，黄显声积极给予答复，并根据各地的武装力量的具体情况，分别加以收编和委任。到1931年末，黄显声组织的义勇军已有20多路军，遍及辽宁各地，人数已达四五万人。

义勇军蓬勃发展的同时，日本的侵略也愈发在东北大地上弥漫。1931年11月，日本关东军集结兵力，准备分别从沈阳、营口、通辽三路同时向锦州进攻。锦州之战，保家卫国。这场战役就在义勇军的英勇抗敌中，见证了抗日武装力量的成长。

当时，黄显声命令各地抗日义勇军阻击各路入侵日军，在锦州外围和日军展开了战斗。义勇军们充分占据有利地形，给日寇以迎头痛击，打退了敌军的多次进攻。他们与日军在白旗堡、田庄台、盘山、打虎山等各地辗转血战，还曾经反攻营口，给日军造成了重大的打击。损失惨重的日军不得不暂时放

黄显声塑像

弃进攻锦州的计划。

日军西进后，显声所派民团已占领皇姑屯，破坏绕阳桥，令其进退维谷，攻锦之计划第一步失败，扰敌工作异常收效。

战斗结束后，黄显声在发给张学良转救国会的电报中如是写道。锦州一战，抗日义勇军的胜利，推动了抗日武装力量的迅速成长，也使得日本不得不重视义勇军，他们在一定程度上钳制着日本肆虐白山黑水的步伐。

由于“义勇军”这个名字响亮而且贴切，逐渐成为东北各地抗日军民最为常用的叫法。它代表的是白山黑水的关东人，更是全体中国人不屈不挠的精神。1935年，田汉、聂耳合作为电影《风云儿女》谱写了主题曲——《义勇军进行曲》。这首脍炙人口的战歌，后来成为中华人民共和国的国歌。

白山黑水的见证：抗日义勇军群像

“天狗咬、蜂子蜇、座山旅打得恶、杨麻子不用说……”

时光流转，历史却没有忘记东北义勇军。时至今日，民间还流传着这样的歌颂东北义勇军的民谣。这个群体，发展到最壮大时候，有50万人之多，他们中有军人、工人、农民、学生、知识分子……尽管他们来自不同的县乡村镇，但是他们有一个共同的名字——义勇军。他们浴血奋战，不屈不挠，用鲜血和意志抵御外辱，塑造起中华儿女勇敢坚毅的光辉形象。

无数东北儿女在义勇军将领的带领下，发扬中华民族不屈不挠的斗争精神，有力地打击了日本帝国主义的侵略气焰，大量歼灭了敌人的有生力量。据日伪军方报告记载，自“九一八事变”到1933年2月，日伪军战死人数为6541名，日军尸体从中国东北经神户运回日本，每月平均50具。

20世纪30年代的战火夹杂着日本侵略者猖狂的侵略，正是在这样的侵略中，东北儿女奋起反抗，辽、吉、黑的广阔土地上，到处响起了义勇军抗日的枪声和马蹄声。辽南邓铁梅领导的东北民众自卫军；辽东唐聚五领导的辽宁民众自卫军；辽西郑桂林、耿继周、苏景阳率领的东北民众义勇军；辽北高文斌组织的抗日义勇军；吉东王德林的抗日救国军；三江平原上的原东北军李杜、邢占清、冯占海部组成的吉林自卫军；东北军苏炳文、张殿九；铁血军苗可秀……组成了东北抗日义勇军的强大阵容。从辽河两岸到松花江畔，从长白山到兴安岭，整个白山黑水间到处都有抗日义勇军的足迹和英姿。

人物小传之马占山与抗日第一枪

倘有侵犯我疆土，及扰乱我治安者，不惜以全力除之，以属我保卫地方之责

——马占山

“守土有责”，这样的话从一个抗日将领的口中说出时，他面对的是汹涌而来的日本侵略者，面对的是生命的威胁，但是他毅然决然地扛起了抗日的大旗，打响了抗日的第一枪。

“九一八事变”爆发后，日军仅用了两个月的时间，就占领了辽、吉两省，并继续向黑龙江省进犯。那时黑龙江省省会

在齐齐哈尔，日军要想占领齐市，必须经过嫩江。嫩江是日军进攻齐齐哈尔的一道天然屏障，既是齐齐哈尔的南大门，也是从洮南北进克服水障的唯一通道。而通过这个屏障，唯一的咽喉要道便是嫩江大铁桥。

作为阻扼日军进犯黑龙江的要塞，守护嫩江桥，迫在眉睫，至关重要。当时张学良虽然身在天津，还饱受国内舆论“不抵抗将军”的指责。他深感嫩江桥的重要性，发电报命令瑷珲（今黑河）驻军马占山任总指挥，前去阻击。一时间，齐齐哈尔的城乡军民、商家店铺、男女老少都备受振奋，纷纷支援前线作战。

时值11月，东北的江面已经冰冻三尺，作战条件极其艰苦，但是抗日将士们依旧在马占山将军的带领下，殊死作战，扼守嫩江桥。当时，马占山刚刚就任黑龙江省政府代理主席兼军事总指挥，“倘有侵犯我疆土，及扰乱我治安者，不惜以全力除之，以尽我保卫地方之责”，在就职宣言中，他如是说。他还亲自视察防地，修筑防御工事，积极准备抵御敌人的袭击。

在此期间，以劣绅赵仲仁为代表的亲日派还谋划着，巧言令色劝马占山向日军投降，但马占山的一句“吾奉命为一省主席，守土有责，不能为降将军”坚决地回绝了劝降者。

马占山和他的将士们，时刻警戒着，准备迎接战斗。

11月4日的清晨，一股杀气来势汹涌。1300余名日军以保护修桥为名，在7架飞机掩护下，直趋江桥（嫩江铁桥）中国军队驻地大兴站。日本大肆地驱赶中方修桥人员，迫令守军后撤，并强行抓去中方的三名哨兵。中午时分，又悍然向中国军阵地发起猛攻。侵略行径昭然若揭。马占山卫队团徐宝珍部、张竞渡部共2700人奋起迎击，将敌击退。下午，日军集中兵力约4000余人，再次向江桥进攻。中国守军奋起还击。双方展开了白刃战，日军在向江岸撤退时，遭到预伏在芦苇中的中国军队截击。尽管后来日军的援军赶到，但也遭遇到守军骑兵的夹击。当天夜里，日军连续炮击后，向乘船偷袭，但又被潜伏在芦苇内的中国军队打退。这一天，双方不断僵持交战，尽管日军集中兵力，在飞机和炮兵的支援下连续进攻，均被守军击退。江桥保卫战，取得了重要的胜利。

1931年11月5日上午，日军集中全力再次发动进攻。从上午6时一直到上午10时，在中国军队的猛烈还击下，日军尽管伤亡惨重，但依旧强行渡江。中午时分，马占山赶到前线指挥军队从正面反攻，急调骑兵从两翼包抄日军。在马占山的指挥下，将士们从15时血战到日暮，由于战术正确，日军被迫向后撤退，由进攻转为就地防御，其后方勤务分队大部被我迂回的骑兵所歼灭。

11月6日，日本仍不死心，继续加紧了军力支援，关东军以主力第2师团投入作战。当日清晨，日军增援部队到达，在飞机轮番扫射、轰炸支援下发动猛攻，试图解救被围日军。马占

抗日名将马占山

山亲自到阵地督战，率领全体将士英勇战斗，同敌血战三天两夜，击退了敌人多次进犯。日军的优势军械、飞机、坦克进行掩护与进攻渐趋猛烈，后又从朝鲜调遣援兵，加强进攻。由于马队方面迟迟没有获得部队的增援，孤军奋战，最终因为部队伤亡过大，被迫撤退。

尽管被迫撤退，但是马占山将军率领的抗日战士，靠着满腔的抗日热情以及抗日的决心和勇气，奋勇杀敌，使得日军方面伤亡惨重。在这次战役中，还创造性地利用躺仰射击，击落了日军的一架飞机，这也是中国对日作战历史上击落的第一架日军飞机。这些英勇抗日的气节和行动，都极大地鼓舞了深处侵略中的人民。南京政府蒋介石多次发电对马占山奋勇抵抗行为予以嘉奖，同时，为激励马占山部的抗日士气，国民政府于1931年11月17日，正式任命黑龙江省代理省主席马占山为黑龙江省政府委员兼黑龙江省政府主席。

在接下来的战斗中，马占山和他的将士们更是视死如归，坚决抗日。11月18日，在三间房一带的战役中，马军由于粮食仓储地被日机炸毁，守军不得不空腹战斗。空腹苦战的中国守军面对数倍之敌毫无惧色，同仇敌忾，殊死搏斗。但连续鏖战，很多士兵几日未睡，粮食断绝，加之得不到任何部队增援，在侵略军源源不断地得到大量补充和增援的情况下，敌强我弱的局面日趋严重。18日下午，马占山将军不得不痛苦地下令撤出战斗。19日，日军5000余人侵占齐齐哈尔。

江桥抗战历时半个月，尽管以失败告终，但却是“九一八事变”后，中国军队不顾执政当局不抵抗政策对日本侵略者的第一次有力抵抗。这次战斗也大大鼓舞了中国人民抵御外辱的决心和勇气。国内各地报纸都以大字标题报导江桥抗战，马占山的抗战行为深得各界的嘉许。各地群众自发组织慰问团、后援会，捐钱捐物，支援黑龙江省抗战。上海、哈尔滨等地青年学生纷纷投笔从戎，组织“援马抗日团”，加入抗日队伍。一时间，民众的抗日热情高涨，各地义勇军、自卫军积极发展，奋起抗日。

马占山和他领导的江桥战役永远载入史册，在白山黑水间流淌着多少将士不畏生死的战斗和感天动地的抗日誓言。江桥战役作为抗日第一场恶战，鼓舞着无数中华儿女加入抗战，保家卫国。与此同时，各地的民众武装、义勇军也陆续成立起来，在日军愈发猖狂的侵略下，我们的血肉长城开始筑立，中华儿女为了保家卫国，抛头颅洒热血。

人物小传之邓铁梅与视死如归的自卫军

我们绝不投降，打到剩一人一马，也抗日到底，决不当亡国奴，决不当汉奸，决不辜负东北的父老兄弟姐妹们的信任，不能给子孙留下骂名。

——邓铁梅

邓铁梅，从青少年时期起，就抱定了要为民除恶的决心，15岁那年家破人亡的惨状，让他决心习武，练习使用枪械，终于练得一身弹无虚发的本事。后来，他当上了凤城县的县公安局局长。那时候，正逢国难当头，一方面奉系军阀的封建统治下，社会政治腐败，贪官污吏横行，另一方面日本对辽宁的殖民统治也不断加强，在东北横行霸道，设厂开矿，疯狂掠夺，辽宁人民生活境况堪忧。身为公安局局长，邓铁梅以强烈的爱国意识和主持正义、胆大心细、办事果断的作风断然阻止日本的越界开采，与日本的横行霸道作斗争；同时剿灭匪患，严厉打击土豪劣绅、贪官污吏，为民除恶。这些举动不仅打击了日本的恶行，也维护了一方百姓的平安。但也正是这些正义的举动，引起了地方恶势力的怀疑和排挤，1929年，邓铁梅被革职，后来由于气不过陷害和排挤，他愤然辞职，另谋出路。

1931年，九一八事变的爆发将东三省推向了家国危机的深渊，彼时，穷困潦倒的邓铁梅正在锦州，他亲眼看到“不抵抗政策”给中华民族造成的严重后果，东北难民遍地，人民生活苦不堪言。这一切邓铁梅都看在眼里，他的民族正气从胸腔里喷薄而出，他愤然发出誓言：“政府无能当政，军队有土不守，真是中华民族的奇耻大辱。我们宁肯被打倒，也不能被吓倒，不能俯首甘当亡国奴。”他前去拜会时任省警务处处长的黄显声，陈述了自己回辽东组织民众进行武装抗日的意图。

由于黄显声将军也心怀东北人民，抗日心切，他十分支持邓的想法。很快，邓铁梅和好友云海清离开锦州，经沈阳回到凤城县，组织民众武装进行战斗。

可以料想，此时的凤城县早已被汹涌而来的日军侵占，日伪勾结，沆瀣一气，他们大肆镇压爱国同胞，各阶层广大人民群众面对日本帝国主义的强盗行径无不怒发冲冠，抗日热情日益高涨。

邓铁梅与这些爱国人士一样，心中愤怒之情很快变成行动。10月中旬他同好友来到凤城县县城外的小汤沟顾家堡子。正是在这个偏僻的小山村里，他经过多方联络，召集之前的旧部，分头去各村落宣传抗日救国，发动民众参与抗日，并募集青年农村加入民众抗日武装队伍。由于邓铁梅在凤城一带素有声望，加之农民抗日的情绪高昂，携械响应的青壮年络绎不绝。

10月下旬，东北民众自卫军成立大会在顾家堡子召开，邓铁梅任自卫军司令。由于民众抗日心切，很快，自卫军成立不到两个月的时间，队伍迅速扩大，到1931年12月已达到1500余人。并按照3个大队和一个全部由精壮东北汉子组成的大刀队进行部队建制。

邓铁梅担任自卫军总司令后，乘自卫军蓬勃发展，抗日信心高涨的同时，积极探寻敌方消息。他派人打听到日本军队在凤城县只有200多名的武装和警察，人力相对弱势，很快便作出夜袭凤城县城的战斗部署。

12月26日夜，这一夜对于凤城县而言是值得永载史册的一夜，在这一天，东北民众自卫军取得了历史性的胜利。

当天夜里，大雪压城，自卫军在大雪的掩护下兵分四路部署战斗。晚10时左右战斗正式打响，自卫军按照四个分路军的作战部署，将车站和城内的敌人分割并包围起来，切断了他们的联系，使其首尾不能相顾。他们乘胜捣毁了县衙、公安局和日本特务机关平井药房，砸开凤城监狱，救出“九一八事变”后日伪逮捕的爱国人士。凭借作战指挥和自卫军的奋勇战斗，凤城监狱被攻破。在这场战役中，自卫军共打死日伪军50余名，缴获步枪300余支，轻机枪3挺，迫击炮2门和大批弹药。

作为“九一八事变”以来，辽东南三角地区人民群众对日军进行的第一次重大军事行动，自卫军夜袭凤城监狱很快在国内引起巨大反响，民众抵御外辱的士气受到了很大的鼓舞。而自卫军也因为这一次胜利，军威大振，更多的东北儿女加入了自卫军，军队编制由大队扩编为9个团。

随后，各地的义勇军队伍不断发展，邓铁梅和他的自卫军也在对敌战斗中积累了声望和影响。1932年3月，邓铁梅被北平的东北民众抗日救国会委任为东北民众义勇军第28路军司令。邓铁梅率部继续战斗，乘胜前进，先后进驻庄河、大孤山，该地区的伪政权和伪警察在义勇军队伍的威慑下，交出了武器，收缴的枪支弹药供义勇军扩充军备。

在邓铁梅的率领下，独立营夜袭三义庙（日伪在此有据点），同样大获全胜，收缴了马匹、枪支等战利品，并在此地设立关卡，挖战壕，修工事，使得日伪军不敢进犯，保护了一方民众。邓铁梅和他的义勇军将士们还一举取得了龙王庙战役的胜利，守住了为自卫军提供粮食给养的龙王庙，切断了敌军进犯凤城的供给线。一次次胜利，为将士们的抗日战斗积攒了信心，队伍也不断壮大。

为了更好地组织群众抗日，邓铁梅接受了曾任中共南满总行委主席团成员、团省委书记的邹大朋的建议，在军中设立政治工作部，建立政治工作制度，发动群众，组织农民协会，用共产党的方式改造义勇军队伍。

邓铁梅委任邹大朋为政治工作部主任，指定人员专事政治工作，在部队里每周进行一次政治教育，军官每周有两天半政治课。经过学习，民众自卫军官兵抗日斗争的觉悟迅速提高，不仅知道了日本帝国主义侵略东北的种种罪行，也体会到了“不抵抗政策”给中华民族带来的危害，他们更加同仇敌忾。邓铁梅还提出了“抗日救国，保民第一”的口号。本着这样的军队信仰，自卫军从起初松散的民间武装，变成了老百姓信任、支持的“正规军”，战斗力也明显提高，前来投奔加入自卫军队伍的爱国人士越来越多。邓铁梅直接指挥的部队达1.6万人，其他接受改编的武装有3万人左右。

除了积极的抗日战斗外，邓铁梅还委派将士与抗日救国会及各方爱国人士联系，积极建立抗日游击据点。在这些据点上，设立了战地医院、被服厂、印刷厂、制币厂、饷捐局，制定了税收、财政、粮食政策和对伪军的政策。在仅仅半年多的时间里，邓铁梅带领东北民众自卫军，联合其他将领带领的抗日义勇军，与日伪军战斗百余次，有效地牵制了日本侵略中国的步伐，给了敌人沉重的打击。

在东北义勇军规模不断扩大的同时，日本也加紧通过威逼利诱、采取各种“怀柔招安”政策以及武装“围剿”等方法企图消灭义勇军。邓铁梅领导的东北民众自卫军的抗日斗争引起了日伪当局的极大重视，他们在小股部队无法将其消灭的情况下，以高官厚禄对邓铁梅采取诱降。邓铁梅招集民众自卫军高级军官开会，分析形势，研究对策:“为了争取一个喘息时机，可以采取缓兵之计，派代表与敌人斡旋一阵。但我们绝不投降，打到剩一人一马，也抗日到底，决不当亡国奴，决不当汉奸，决不辜负东北的父老兄弟姐妹们的信任，不能给子孙留下骂名。”铿锵有力的话语更加坚定了东北民众自卫军官兵抗日到底的决心。

日伪见诱降不成，便用武装“围剿”的手段，妄图逼退邓部。日伪军用重兵一次次发起对义勇军的大“讨伐”。在强大的敌人面前，邓铁梅和他的自卫军视死如归，利用充满智慧的战略战术和不畏艰险的战斗，取得了第一次反讨伐的胜利。但是再强大的军队也经受不住连环的讨伐，日伪采用了更加恶毒的手段，实行了归屯并户，使得自卫军断绝了与群众的一切联系，粮草供应堪忧，邓铁梅带领自卫军整日在冰天雪地的山林中行进及至弹尽粮绝，陷入重重困难的境地。1934年1月，为保存部队实力，邓铁梅召开军事会议，决定把东北民众自卫军改编成若干支队，化整为零，进行小股游击，分散行动，并约定春暖花开时各小股部队再行会合，重振东北民众自卫军。即使是在小股部队的情况下，邓铁梅依旧坚持斗争。

他的心中一直只有一个信念“抗日救国，保民第一”。这个信念让他在长年的征战中忘记了疲惫，忘记了生死。但由于战斗的高密度，邓铁梅因为长时间战斗得不到休整，精疲力竭，身体病弱。有人劝他离开抗区调养身体，他拒绝道:“拼将此身一死也不离开抗区一步。”

1934年5月，邓铁梅身患痢疾，不能随军行动，调养期间，被叛徒沈廷辅带领的伪便衣暗杀队捕获。在狱中的日子，日伪当局派人以好吃好喝想要消磨身患疾病的邓铁梅的抗日意志，但是遭到了邓铁梅的绝食拒绝。他大义凛然，断然拒绝日伪的拉拢。

“铁梅志在爱国，驱走日寇，推翻伪满政府，光复祖国山河，生为中华人，死为中华鬼，不知其他。头可断，血可流，接受投降的命令绝对不能下。”在狱中，邓铁梅以岳飞、文天祥等先贤们宁死不屈不降的民族气节鞭策自己。抗日救国的民族气节和保民报国的决心，最终使得日伪方面失去了拉拢、软化的耐心。1934年9月 28日夜里，邓铁梅被日寇秘密杀害，时年42岁。

42岁的年轻生命路程里，邓铁梅一刻也不停息地为抗日救国努力着，在中华民族面临外敌入侵，国破家亡的危急关头，高举抗日救国的大旗，创建了东北民众自卫军，浴血奋战，视死如归。他用他的信念诠释了那个时代里，抗日将领们共同的坚守——抗日救国，保民第一。

人物小传之苗可秀与他的铁血学生军

我们要做新中国的主人，要做重整山河的圣手！

——苗可秀

在国家危亡、战火纷纷的年代，作为一名知识分子的苗可秀和他的学生军，勇敢地扛起武器走在了保家卫国的前线，他们用他们的手与脑，向日伪宣称着作为中华民族主人翁的自立自强，用重整山河的勇气，诠释着那个年代里最为热血澎湃的青春。

苗可秀虽自幼家境贫寒，但好学上进。1926年考入东北大学文学院中国文学系预科，1928年升入本科，1932年毕业。在读书期间就受到了“五四”以来新思潮的熏陶，在日本侵略者的嚣张气焰下，他听闻了侵略者大肆屠杀中国人民的噩耗，心中升腾起知识分子最为赤诚的爱国情怀。在东北大学内，学生们愤恨不已，举起反日大旗。为表达爱国反帝的思想，苗可秀在同学中积极宣传抵制日货，得到了广泛的响应。

“九一八事变”爆发后，国家危亡，东北河山尽被日军侵占，苗可秀一边上课，一边为抗日救国奔忙，他积极参加民众救国会的活动，还与爱国分子一起在东北大学学生中组织学生军，自己任学生军大队长。是时，东北各地的抗日义勇军，积极发展，他积极组织学生军的军事训练，并准备回到东北组织抗日。

终于，在1932年正式毕业后，苗可秀毅然从北平返回东北，踏上了抗日的征程。他视死如归，统兵布阵，浴血沙场。为东北抗日作出了卓越的贡献，也正因为苗可秀的赫赫战功，使得日伪对他恨之入骨，曾贴出告示悬赏百万缉拿苗可秀。

汤沟战役中，苗可秀和他带领的铁军更是给了日寇沉重一击。1935年3月，敌人集聚了一个师团近6000人的兵力，扑向三角地区的岫岩一带，“围剿”苗可秀的铁血军。日伪军计划分路包抄，欲把铁血军裹在岫岩一角。

苗可秀按照战略部署，率铁血军避开敌人的主力，打算进行迂回战役，以消耗敌人耐力。一个多月的行军，直到4月21日下午，队伍行进到岫岩北部的汤沟。苗可秀顾不上行军的劳累，便到村里小学召集群众，宣传抗日救国，以调动当地的群众奋起抗日。

突然南山响起枪声，苗可秀听闻后迅速率部往北山撤退。等敌方的200骑兵到来时，已经找不到抗日军的踪影，而这恰恰使敌人放松了警惕，加上天色已晚，日伪军便就地宿营。

这样一来，得到消息的苗可秀，决定拿下这支骑兵队。

这支200人的队伍由西泽中尉率领，分别宿营在两个大院。夜深后，铁血军悄悄进入汤沟开始进攻，按照苗可秀事先的安排，铁血部队分两支大队分别进攻敌人的两个大院——刘壮飞率领一大队袭击西大院，白君实率二大队进攻东大院。

刘壮飞首先将敌哨兵击毙，由于铁血军声势大作，敌人不敢贸然行动，躲在屋中，没有动静。此时队长刘壮飞作出一计应敌。他先让部队不要急于攻打，而是冲着屋内大喊：“马贼已被我们打跑了，我是奉命来接西泽指导官的，请太君出来吧。”敌人信以为真，西泽从屋内走出还喊着:“我是指导官，我是指导官。”

谁料，西泽刚一露头就被铁血军战士击毙，顿时敌军大乱。西院战役开始后，东院的敌军闻讯慌忙应战，但早已士气低迷，散败不成军，白君实首先向伪军喊话:“你们若是中国人，赶快逃命，我们是专来打鬼子的。”伪军听到喊话，纷纷丢下武器逃去。

此次战斗共击毙日军7人，大部分伪军遣散，缴获三八式马枪百余支，手枪4支，机枪2挺。尽管敌军派出了大批救援军，但是赶到时，苗可秀和他的铁血军早已消失得无影无踪。这一仗，铁血军重创敌军，威震敌胆。他们的机智与果敢、视死如归的抗日决心，都让日伪军思之胆寒。

在苗可秀的带领下，这支铁血队伍不仅单独作战赢得赫赫战绩，同时也配合其他义勇军进行战役。无论条件多么艰苦，都溯难而上，威武不屈。即便是在面临生死时，苗可秀也坚守着一个知识分子战士最为崇高的情操和信仰。

在辽宁岫岩哨子河羊角沟同日军作战中，苗可秀因臀部中弹不幸被捕。他深知自己被捕必死无疑，多次拒绝了日伪军以高官厚禄的诱降，也正因此遭遇了杀身之祸。1935年7月，年仅29岁的苗可秀在日军的迫害下英勇就义。他死前留给好友的遗书中写道："不要忘了我们要做新中国的主人，要做重整山河的圣手。"

这样的精神和勇气贯穿了苗可秀短暂的一生，他带兵抗日，不畏生死，鼓舞着一大批热血青年、知识分子走上抗日的战场。时至今日，在凤城火车站以南的凤城南山上，一座纪念碑巍然耸立山林中，上面镌刻着"抗日烈士苗可秀同志永垂不朽"。苗可秀和他的铁血军的光荣事迹感动着一代代的中华儿女，成为我们共同记忆中最为可贵的精神标志。

在义勇军群体中，还有更多可歌可泣的故事值得中华历史铭记，他们怀着满腔的爱国热情，有的舍弃了土匪生活的逍遥自在，扛起武器走向战场；有的为了心中的抗日理想献出了年轻的生命；有的放弃了优渥的商人生活，愤然加入战斗……有太多的义勇军战士甚至没有在宏阔的抗日战斗中留下自己的名字，但在日伪统治下的白山黑土下，他们却坚守着作为中国人的信条——抗日救国。

与民众武装为主的义勇军队伍一样，东北抗日联军在守卫东三省的抗日战斗中发挥了举足轻重的作用，那些大无畏的战斗成为中共引领的抗日战争历史中甚为重要的篇章。

东北抗日联军与飞将李杜

只有杀敌李杜，以光我中华民族；决无降敌李杜，以污我中华战史。

宁杀敌而死，不苟且全生，民族之生存与光荣，必自奋斗与牺牲中求之。

由于东北抗日联军的惊人战绩，已使日寇的屠杀焚掠建立起的血腥统治根本动摇，今天全国同胞应给以最大热情去援助在敌人铁骑下苦斗的东北军……踏着成千上万为民族而牺牲的东北战士的血迹行进！

——李杜

这些话均出自李杜之口。面对日本的侵略，他视死如归，以国家和民族的利益为重，率领着他的自卫军，向所有具有爱国热情的中华儿女发出内心的呐喊与召唤。如果不是翻看资料，鲜有人知道李杜是周恩来委任的东北抗日联军总司令，他与他的自卫军构成了抗日联军最早的力量，亲历着那段炮火纷飞、热血抗敌的历史。

李杜，出生在辽宁省义县西关一个半农半商的家庭，自幼好学。选择从戎，是因为20岁那年的遭遇。那一年，正逢庚子之变，俄军出兵中国东北，溃败的清兵路过李杜的家乡，肆行劫掠，恶行多端。李杜回家的时候，竟然看到一位清兵在殴打他的父母，他怒火冲天上前阻止，却被清兵开枪打伤，所幸没有击中要害，留住了一条命。20世纪初的乱世里，李杜亲眼目睹着清政府的腐败无能与帝国主义对中国的肆意侵略，下定决心从戎救国，发誓若有带兵之日，定剿除害民之兵匪，保护百姓。

有志男儿，加上自身的天赋与勤奋，李杜在军戎的人生路途上，一路坚信自己的信念和初心。从起初的民团小兵，一直到1925年成为张作霖的爱将，虽受器重，却爱憎分明，秉持自己为军为人的底线，在军事行动上并不完全受命于张。这种气节在下面这件事中可见一斑。当时正值第二次直奉战争，张作霖出兵进关攻打冯玉祥。李杜痛感内战频起一定会使老百姓遭殃，所以坚决不参加内战。这令张作霖十分生气，但是张是惜才之人，舍不得这员爱将，最后因为李杜的坚持不内战，也只是做了降职处治，仍委任他为依兰镇守使，兼第九旅旅长。

大丈夫能屈能伸，既来之则立之。李杜的“被贬”并没有打消他除暴安民的决心。1927年5月，李杜正式担任依兰镇守使，在这里，他力主地方实施善政，宽以待民，同时奉公守法，以身作则，惩治贪吏。这种种举动赢得了当地百姓的尊重和爱戴，“造福于民”“恩泽桑梓”“名垂东北”、万民伞、万民旗成为对他政绩的最好嘉许。

作为一个东北男儿，一地将领，时时刻刻为民着想，在“九一八事变”发生后，国难当头，他更是毅然带领自卫军进行两次哈尔滨保卫战，大义凛然，抵御外辱。

哈尔滨保卫战

“九一八事变”后，日本在中国东北的侵略更加肆无忌惮。占领辽宁后，很快逼近吉林。以吉林省军署参谋长熙洽为首的军政要员们不惜出卖国土主权，公然向日军投降；日军兵不血刃，于9月21日占领了吉林省长春。

随后，宣布成立以熙洽为首的伪吉林省长官公署，并发表与南京政府脱离关系的通电，还宣令吉林省所属各县部队必须服从“新政府”节制。很快，熙洽公开叛变投敌的行径和“决策”传到了依兰地区，李杜义愤填膺，当即宣令：“拒不附逆，坚持抗日。”

李杜以依兰镇守使的名义向所辖各县发出通电，呼吁各县军民团结起来，一致对敌。同时，为了做好迎击日本侵略军的准备，他下令分驻在松花江下游的各部集结在依兰附近整训，以待杀敌时机。

汉奸熙洽面对李杜视死如归的气势，心中也多有担心，他生怕李杜在下江一带发展势力，威胁自己，所以想方设法，利用委任要职、赠送奇珍异宝等手段试图拉拢李杜，但李杜断然拒绝了熙洽的各种任命，却收下了文物。因为他早已做好了计划，这些宝物典当变卖后可充军饷。

李杜和他带领的自卫军，众志成城，做好一切可能的准备，应对日军与伪军的进攻。这一天很快就到了。

1932年1月，熙洽在日军的指示下，率兵向哈尔滨攻击，同时日本特务机关长土肥原也亲自到哈市主持特务机关，以形成内外夹攻的局面，妄图占领哈尔滨。整个哈尔滨陷入了人心惶惶的境地，百姓生活苦不堪言。爱国爱民的热情在李杜的心中燃烧，他毅然率领主力，指挥抗日义军西进，与吉林省警备司令部兼第一旅旅长冯占海将军，相互配合，共同迎战。

两支队伍团结一心，在他们的猛烈攻击下，伪军很快败下阵来。在短暂的修整后，伪军又想伺机卷土重来，结果依旧被抗日军一一击退。1月27日傍晚，在李、冯带领的两支队伍的包围下，伪军全部被击退。之后他们乘胜追击。最终，伪军团长田德胜率部起义投降，转向抗日军。

翌日，双方在南岗极乐寺、文庙交战，抗日军首先发起冲锋，势不可挡，冯部的宫长海率骑兵进攻敌人背后。敌军猝不及防，仓皇逃去。这样，日伪侵占哈市的阴谋未能实现，李、冯两位将军及其率领的抗日军，用智慧和反抗，牺牲和热血迎来了第一次哈尔滨保卫战的大获全胜。也是在这次战役中，李杜有了“飞将”的美誉，声威远播。

面对哈尔滨保卫战抗日军的成功，日本方面怒火冲天。但他们依旧贼心不死，唆使哈尔滨特别行政区长官汉奸张景惠下令，在1月29日前，全市必须悬挂日本国旗。

日本侵略者的野心让李杜颇为震怒，他愤然对报界发表声明：“此来（哈埠）非为地盘，非争私利，能为国家保全一尺土地，即算尽我军人一分天职，牺牲一切，皆所不惜。”很快，李杜将军下令:“如有撤换中国国旗者，以军法论处。”当地的人民备受鼓舞，志气高涨。看着李杜将军与抗日军的飒爽英姿，他们心中的石头渐渐落地，哈尔滨之前的混乱与惶恐也渐渐散去。

随后，李杜的抗日军形成了以哈尔滨为核心的抗日武装。为了联络吉林各部团结抗日，李杜将军会同丁超、王之佑、马占山，共商抗日大计，会上他们商定后做出了一个重要的决定，为了更好地保家救国，决定在哈尔滨成立统一的军事机构。

1932年1月31日，李杜等召集所有抗日派的军政要员在哈市开会，决定成立“吉林自卫军总司令部”，统一指挥抗日军队，众人公推李杜为抗日自卫军总司令。

1月的最后一天，在这样的历史时刻见证了自卫军的诞生，但是接踵而来的却是日本侵略者对哈尔滨的第二次进攻。

与第一次不同的是日本侵略者这次卷土重来，兵力众多，武备充分，四面呼应；而李杜的吉林抗日自卫军则相形见绌。这些李杜都看在眼里，作为一名将领，他深知，尽管双方差距悬殊，日军和伪军沆瀣一气，但是保卫哈尔滨，势在必行。只有通过取得战斗的胜利，才能给新成立的自卫军队伍增添士气，激发民众的抗日热情，更重要的是守卫哈尔滨对于守住整个北满具有十分重要的战略意义。这场战斗无论输赢都必须打。

1932年2月1日的黎明，寒气甚重。自卫军与日军的较量在双城附近拉开序幕。由于日、伪军方面掌握着先进的飞机、坦克，武装充分，尽管自卫军奋力抵抗，依旧未守住双城。双城失守，哈尔滨的门户已经洞开，日军主力很快逼近南郊，接着哈尔滨外围保卫战也于2月3日打响。

为了应付万分危急的局面，李杜率同总部参谋副官数名及卫队一连亲赴前线总指挥部，布置防线，前方将士因总司令亲自督战，精神振奋。

2月4日清晨，日军各路兵马向哈市发动了总攻，倚仗人多势众和飞机坦克的掩护，步步向抗日军逼近，抗日军只凭着民房、土墙等建筑物和简单的工事进行抵御。炮火纷飞，日、伪军的火力已经超出了常人能够承受的程度。这次战役是日军进攻哈尔滨以后最为猛烈的一场，但所有的将士都誓死抵抗，顽强战斗。

三个小时的激战，作战双方依旧存在悬殊对比。人性、人心在这个时候，都有诸多的差异。于是，有人战死，有人伤残，有人溃散，有人战败修整，有人投敌叛变，有人逃亡躲避，此时，李杜、赵毅部的抗日军遭遇了敌军的逼近，阵地腹背受敌，孤军苦战，战斗愈发残酷。更加火上浇油的是，此时哈尔滨市内降日的警察署长和日本特务头子土肥原等，指挥日伪军从市里杀出来，断绝了抗日军的归路，李杜和赵毅的部队已处于日伪军的包围之中。

李杜负伤多处，血流不止，在炮火与枪弹中，他已看出败局已无可挽回，但此时的他依旧考虑更多的是自己的战友，他命令赵毅带队伍撤退突围，只留自己一人掩护。他忍着身体的伤痛，暗下决心：要与自己热爱的这片国土共存亡。

赵毅爱国心切，坚持要与李杜一起突围。为了“逼迫”赵毅带部队尽快脱离险境，李杜决定拔枪“自行了断”，以身殉国，但被部下和卫士们夺下手枪。转机来了，赵毅以进为退，指挥部队向敌人发起猛攻，待敌人慌乱防守之时，迅速突围。因为日本攻占哈尔滨的意图已经达到，加上深知李、赵部队善战，所以没再追击。

2月5日夜，哈尔滨陷于日军之手，第二次哈尔滨保卫战抗日军战败。李杜率部队返回依兰，后邢占清、丁超率余部也转到依兰，吉林救国军王德林等也表示愿听从李杜指挥。依兰变成了吉林省内继哈尔滨之后第二个抗日大本营。

第二次哈尔滨保卫战战败，李杜不甘心哈尔滨陷入日军之手，满心怒火与爱国热情的交织并未让他失去理性，他在等待军事援助的同时，积极筹备军饷，扩大兵源，准备再次攻打哈尔滨，保卫自己的家国。为了表示抗日的决心，李杜带头主动将个人银行存款和个人经营的面粉公司统统捐献出来，以充军备。他的精神和举动感染了许多人，当地爱国绅士、商人们都踊跃捐款、捐粮，城乡青年、学生纷纷报名入伍抗日，抗日部队迅速壮大。

功夫不负有心人，在李杜的苦心经营下，哈尔滨境内的依兰及下江13县又点燃了熊熊的抗日烈火，民众抗日热情高涨，夺回哈尔滨的决心在民众间不断蔓延。

机会总是眷顾有准备的人。

1932年4月，马占山从齐齐哈尔出走，抵达黑河举起抗日义旗。当地抗日活动如火如荼，引起了日军的惶恐，因此抽调兵力前去镇压“征剿”。这样一来，哈尔滨的兵力相对弱化，为李杜带兵出击创造了绝佳的机会。加之此时吉林、辽宁等地抗日义勇军活动节节高涨，取得了不少胜利，整个东北的抗日活动迎来了高潮。在这样的情势下，李杜决心抓住这一大好时机，主动出击，反攻哈尔滨。

于是，这一年的4月中旬，李杜在依兰亲自主持召集了自卫军总部会议，最终决定分三路向哈尔滨出击。三路纵队于4月下旬誓师出征，短短数日，捷报频频。但就在夺取哈尔滨在望的重要关头，后方自卫军总部所在地依兰突然遭到日伪军的乘虚偷袭。尽管李杜闻讯便号召留守部队一定要誓死保卫依兰，但是由于事出突然，加上前方将士回师不及，依兰最终落入敌手。

依兰的失守，不仅让这次哈尔滨战役中取得的胜利蒙上了阴影和苦闷，也使得李杜苦心经营的被服粮草、武器弹药以及修械所全部落在敌人手中。但这些还不是最令人心痛的，情势的剧变，让三路纵队中左路纵队的第二旅旅长刘万魁失去了信心，出于自保和利益诉求，他发起内讧兵变，残忍杀害了李杜的爱将马宪章，这一举动使得大部队元气大伤，兵心不定。

屋漏偏逢连夜雨。六七月间，前方各部相继失败，李杜所率部队已到了“兵不满千”的地步。在此等严重的挫折面前，有些将领对抗日前途无限悲观，有的脱离部队，当了逃兵；有的干脆阴谋投敌。

身为将领的李杜处于极度困难之中，此时没有人比他的处境更难，更苦。而熙洽等一些汉奸趁此机会劝降；日军首脑也妄图利用李杜，统治东北，进而加紧了威胁利诱。

“只有杀敌李杜，以光我中华民族；决无降敌李杜，以污我中华战史”。这是李杜在致北平救国会的电文中的宣誓，也是对汉奸日伪最为决绝的回辞。

与此同时，李杜凭借其出色的将领才能，冷静理智地分析了当前的残酷现实，寻找如何突破困境的办法。他深深地意识到，只要人心齐，抗日就有希望，所以此时亟需调动士气，团结抗日。他认真考察了梨树镇[①]的地理位置，鼓励将士们振奋精神。他对将士们说:“梨树镇乃吉林省大矿区，易筹军饷，又南依中东路，地处深山区，交通方便，易于防守。”随后，他与将士们一起，克服困难，重新组织和发展抗日力量，建立梨树地区武装抗日斗争的根据地。

东北抗日联军的成立

“宁杀敌而死，不苟且全生，民族之生存与光荣，必自奋斗与牺牲中求之”，在1932年“九一八”一周年纪念日，李杜发表纪念宣言。正是凭着这样的爱国热情和视死如归的大无畏精神，李杜率领他的自卫军将士们，攻坚克难，战胜万险。经过整顿，自卫军和王德林的救国军合作，很快控制了梨树镇、绥芬河、敦化等大片地区，从残余的部队，发展到7个旅，抗日义勇军武装达四五万人，军心大振。

这一年，李杜和他的将士们靠着爱国诚心与抗日决心扭转了颓势，用行动获得了新的支援。在著名抗日将领周保中[②]的协

① 依兰失守后，李杜和余队退至梨树镇。

② 周保中15岁参加“靖国护法”战争，1923年入云南陆军讲武堂学习，1926年参加北伐战争，1927年加入中国共产党，尔后被中共送往苏联进修军事；“九一八事变”后，周恩来得知李杜将军举旗抗日保卫哈尔滨的消息，特地把周保中派到李杜身边，协助他进行抗日斗争。

助下，以李杜吉林自卫军和王德林救国军为主要军事力量的抗日联合军（当时称作反日联合军）正式成立。

这是东北抗日史上第一个有共产党员参加的抗日联军。李杜为总司令，王德林为副司令，周保中为参谋长。抗日联军的成立，使得李杜与共产党人结下了深厚的战斗友谊，也开启了新的抗日篇章。

1932年的抗日情势其实并不乐观，日本对东北的侵略步步紧逼。在这一年的秋天，日军集中兵力解决了马占山、苏炳文等部队以后，便准备开始对李杜实行“围剿”。抗日联军虽然分头阻击，节节抵御，但最终因力量薄弱，后继无援而纷纷溃退。

很快，敌人占领了哈绥沿线的重要防地，战局急剧恶化，自卫军的大本营梨树镇也岌岌可危。无奈之下，李杜率部向北转移，但正当他准备赴宝清与丁超会合时，却发现丁超已接受了伪锦州省长的条件，投降叛变。而派去进关联络的赵毅也毫无消息。

李杜只好改变计划，决计撤入苏联境内。1933年1月9日，李杜、王德林等人，先后率2000多人进入苏联。在东北建立的第一个抗日联军就这样失败了。尽管存在的时间很短，但是李杜和他的将士们奋勇抗日、不屈不挠的精神却融入了白山黑水的记忆。

李杜将军退入苏联后，受到国民党驻苏大使颜惠庆的热情招待。原本在莫斯科享受清闲自在的生活是身处战乱中的人莫大的惬意，但在莫斯科住了3个月的李杜将军，早已心回国内。为了寻求国民政府支援东北抗战，早日回国，他多次找颜惠庆表明心迹。最终，颜惠庆被他爱国的决心打动。4月末，为了避免途中的危险与阴谋，颜惠庆安排李杜一行绕道欧洲回国。

万里行程，历时长久。李杜将军一行人终于在1933年6月4日回到上海。街上悬挂的横幅写着“热烈欢迎李杜将军回国！”“热烈欢迎抗战英雄归来！”等标语足见李杜将军在民间的威信。

回国以后，李杜就开始全身心投入，为将东北的抗战斗争进行到底而努力。他甚至不顾国民党上层人物的反对，亲自上庐山见蒋介石，请求拨款援助留在东北坚持抗战的义勇军队伍，并扩大东北抗日游击队，安抚和慰劳撤进关内的义勇军战士及其家属。

可是，令李杜没有想到的是，蒋介石根本不存抗日之念，一心希望妥协求和的态度，让他败兴而归。但李杜身为堂堂东北男儿，义勇军将领，并没有因为外界的不支持而失去抗日的信心，他决定依靠自己的力量，来动员各方，团结抗日。他开始四处组织动员群众，联络旧部；多次派出代表秘密潜入东北，联络和指挥在吉林、下江一带坚持抗战的义勇军各部，赞扬他们为东北抗日事业作出的贡献。

与此同时，李杜积极投入进步人士所组织的抗日运动；与宋庆龄、何香凝等倡议成立了中国民族武装自卫会，并出任该会的武装部长。这个身份让他有机会去到各个机关、团体、学校宣传抗日救国、抵御外辱的主张。每每投入到这样的事情，李杜将军总是不辞辛劳。为了更好地支援东北的抗日斗争，他还亲自组织各界人士捐款。他的爱国热情和抗日决心很快在上海的各个团体、机关中得到了回应。然而，自卫会后来遭到了国民政府的干涉和破坏，被迫解散。个中缘由，无不与当时日本帝国主义的强势与国民政府的软弱妥协相关。

李杜将军的共产党人情缘

面对国民政府的各种不予支持，李杜很失望，但也并没有放弃。李杜想到张学良曾经说过，有困难找他帮助。然而当他找到张学良时，也不得不面对这样一个事实——张学良受到蒋介石方面的压力，对于出兵东北抗日也难以违抗命令。

在求助张学良也未果之后，综合当时中国的形势，李杜终于意识到当时坊间流传的话，只有共产党才是抗日救国的中坚力量。在他看来，抵抗侵略，保护东北家乡与人民，是他一直以来埋在心里的信仰，坚守这个信仰，他将竭尽全力。所以不容得有片刻的犹豫，李杜通过上海的地下组织，义无反顾地参加了共产党组织领导的抗日统一战线。

李杜决心在共产党的帮助下，回归东北，继续战斗。但是潜回东北困难重重。李杜思考再三，决定以出洋考察为名，转道苏联再回东北。李杜利用办理签证的时间，一刻也不停下谋划抗日的脚步，他积极访苏联驻上海领事馆，以图争取得到苏方的支持；同时积极联络旧部和同僚，商议抗日计划。并秘密派人接近中共上海地下党组织，向共产党征求抗日方略。

然而计划总有意外，国民党政府对李杜绕道苏联回东北的举动，百般阻挠。他们利用拖延签证的方式，妨碍李杜回东北。从1934年秋到1936年3月，历经一年半多的时间，虽然在多方的协调与努力下，签证终于批准，但由于国民党方面将李杜返回东北抗日的计划泄露给日本当局，日本政府向苏联提出不得接收李杜入境的要求。在巴黎滞留的李杜，由于没能取得苏联的护照，只好于1936年末重返上海。

就在李杜将军在苏联、欧洲、上海等地活动受阻的同时，国内的形势也在发生着变化，尤其是由共产党指挥的抗日战争，正不断取得胜利果实。

1933年1月，中共中央提出全民族抗日统一战线和同其他军队共同抗日的方针后，各游击队开始和抗日义勇军、抗日山林队共同作战，部队得到迅速发展，相继扩编为东北人民革命军（后称为东北抗日联军）[①]。到1936年春，人民革命军已经相继成立6个军：

① 后来成为东北抗日联军的主要构成部分。

军号	军长	政治部主任	活动地区
第1军	杨靖宇	杨靖宇（政治委员）	南满和东满地区
第2军	王德泰	魏拯民（政治委员）	南满和东满地区
第3军	赵尚志	冯仲云	北满地区
第4军	李延禄	何忠国	吉东地区
第5军	周保中	胡仁	吉东地区
第6军	夏云杰	张寿(即李兆麟)	北满地区

人民革命军积极开展着游击战争，打击日伪军。经过两年多的艰苦斗争，粉碎了日伪军多次讨伐，歼灭大量日伪军，同时军队规模不断扩大，游击根据地不断发展，军队人数发展到万余人。到1936年2月，东北人民革命军陆续改为东北抗日联军，由原来的6军扩至11军：

军号	军长	政治部主任	活动地区
第7军	陈荣久	郑鲁岩	饶河、虎林、抚远地区
第8军	谢文东	刘曙华	依兰、方正、勃利地区
第9军	李华堂	王克仁	勃利、依兰地区
第10军	汪亚臣	侯启刚	五常、舒兰地区
第11军	祁致中	金政国	桦川、富锦地区

抗日联军的抗日事业节节攀升，到1937年年底，已经发展到3万余人，在黑龙江、吉林、辽宁三省的70余个县区范围内开展抗日战争，牵制日军数十万人的兵力。

在周恩来的建议下，以共产党人为主体的东北抗日联军成立时，并没有设立总司令一职，这个职务是专门为李杜将军留用而空缺的。所以在1936年年底，李杜回到上海的时候，尽管东北抗日联军已经建立，但是总司令依旧空缺。

为了扩大队伍的影响，争取国内各阶层更广泛的同情和支持，考虑到李杜将军在东北的抗日经历和威望，中共领导人周恩来及时向国民党当局举荐李杜就任东北抗日联军总司令，并在关内设立东北抗联总指挥部。这一建议经国民党当局同意后，李杜欣然受命。他内心的希望重新燃起，开始信心满满地着手筹建东北抗联总指挥部，动员各界支持东北抗日。他多次公开在报刊上撰写署名文章，热情赞颂东北抗日联军的抗日战绩，积极呼吁各界支持东北抗日联军的正义行动。

“由于东北抗日联军的惊人战绩，已使日寇的屠杀焚掠建立起的血腥统治根本动摇，今天全国同胞应给以最大热情去援助在敌人铁骑下苦斗的东北军……踏着成千上万为民族而牺牲的东北战士的血迹行进”。激情洋溢、慷慨陈词，令人动容。

很快这一番鼓动人心的宣传，得到了各阶层爱国人士的积极响应，纷纷捐款捐物，支援东北的抗日联军。

然而，他的行为再一次受到了国民党当局的干涉和阻挠，尽管国民党当局公开场合支持李杜担任东北抗日联军总司令，但在背后却因为自身的利益算盘，使得李杜将军的工作无法顺利开展。他心中充满怒气，但是他依旧清醒地意识到，一定要亲自回到东北，才能直接指挥和领导东北的抗日战争。

一个新的返回东北抗日的计划萌生并付诸实施——通过新疆的迪化（即乌鲁木齐）去莫斯科，然后转赴东北。尽管几经努力，但受到了客观的阻力。新疆反动军阀盛世才打电报“谢绝”入疆。后来的一次努力也由于德国和波兰的战争，无疾而终。

1937年中国的抗战形势已经到了十分严峻的地步。震惊中外的“七七事变”，标志着日本帝国主义全面侵华战争的开始，也是中华民族进行全面抗战的起点。中华民族在日本侵略者的炮火中，英勇奋战。

李杜将军也进行着他的努力。1938年，上海沦陷后，李杜迁居国民政府陪都重庆。在这里，他以东北抗联总司令的名义设立了东北抗联总指挥部，开展抗日宣传和发动民众工作。

为了方便联系东北的抗日战斗，他派人在香港、天津、重庆等地架设电台，随时把抗联杀敌的消息介绍给关内民众。他还不顾国民党特务的监视，经常同《新华日报》的负责同志往来，多次与周恩来、董必武、叶剑英等中共领导人会晤，虚心聆听他们的教诲和抗日大计。当时他居住在重庆市南岸区，远离市中心，偏僻幽静，他的家成为共产党负责人同一些民主进步人士秘密会晤的重要场所，共产党人尊他为“南山五老”之一。

除了联络抗战之外，李杜将军还服从抗日大局的需要，在已有东北抗日联军[①]的基础上，把分散在辽、吉、黑三省的各路抗日义勇军，按照东北抗联的序列，分别组建为东北抗联第四路军、第五路军，总计编排到第十四路军。尽管这些抗日队伍不属共产党领导，但是在李杜的领导下，他们奋勇抗敌，竭尽全力保家卫国，狠狠打击了日本侵略者的嚣张气焰。

由于李杜在东北的声望和威信，他领导的抗日联军骁勇善战，深得百姓拥护。因此日本帝国主义对他恨之入骨，千方百计想要置他于死地。不仅多次派出汉奸特务，妄图刺杀李杜，还追捕他的家属。李杜和他的亲人几经历险，多次死里逃生。

日本方面层层设险，国民党方面不断施压，让李杜感到心寒。1942年6月，国民党政府下令查封了设在重庆的抗日联军总指挥部，取缔了李杜的工作。李杜在国民党特务的严密控制下失去了自由。即使在这样的境况下，他依旧忧国忧民，感怀东北的父老乡亲，关心抗日局势，并竭尽全力，希望能早日返回抗日战斗。

与此同时，共产党领导的抗日活动，取得了一系列的胜

① 东北抗日联军从1936年7月至1939年5月先后组建了东北抗联第一路军，总司令杨靖宇；东北抗联第二路军，总司令周保中，副总司令赵尚志；东北抗联第三路军，总司令李兆麟。

利。李杜更加笃定了共产党才能挽救处于危亡的民族和深处险境的百姓。在长期与共产党人的接触中，李杜以他爱国爱民的情感、坚决抗日的决心和保家卫国的实际行动，接受了党组织的长期考验。最终于1945年上半年，秘密地加入中国共产党。

结语未完

从日军酝酿伪满洲国成立，到发动“九一八事变”，再到伪满洲国统治下的军民反抗，那些被载入史册的一个个历史瞬间，除了日军试图统治中国的勃勃野心与清末统治者的执念，更多的是无数中华儿女在外侮面前，视死如归、不屈不挠的战斗精神和坚强意志。

1945年，伴随日本法西斯的失败，抗日战争画上句号，伪满洲国的统治也随之结束。但在那段耻辱历史中沉淀下的是给我们后辈无数的启迪和鼓舞，因为在苦难和侵略面前，我们众志成城，用保家卫国的爱国赤诚向世界宣示着中国人民的最终胜利。

八女投江——乌斯浑河悲歌

八女英魂，光照千秋。

——八女投江纪念碑

1938年夏天，日本关东军纠集伪满、伪蒙军在松花江下游展开“三江大讨伐”行动。东北抗日联军进入了一个极端艰难的时期。

在长白山、大小兴安岭，他们没有粮食吃，随时有饿死的危险；没有衣服穿，随时有冻死的危险。他们每吃上一顿饭，几乎都要用鲜血和生命去换取。他们每天都要和敌人打仗，要付出牺牲。他们经历着人间罕见的艰难困苦。“天大的房子，地大的炕，火是生命，森林是家乡，野菜野兽是食粮。”夏天“烟火冲天起，蚊吮血透衫”，冬天则经常冒着零下40多度的严寒，迎着刺骨的寒风，行军作战。不知道有多少抗联战士倒在了敌人的枪口下，冻死、饿死在深山荒野中。

为了摆脱困境，东北抗日联军第4军、第5军决定向西转移。这是一条无法想象的艰难之路。日军、伪军无数次的围追堵截，天上飞机轰炸，地上大炮紧追，又有许多抗联战士英勇牺牲了。

10月，东北抗联第5军第1师的一支百余人的队伍西行至乌斯浑河边。400米宽的河面，滔滔的河水挡住了战士们的去路。在这支队伍中，还有第5军妇女团剩下的8名女战士。她们是：冷云、胡秀兰、杨贵珍、郭桂琴、黄贵清、李凤善、王惠民、安福顺。

这支队伍经过数日的奔袭，战士们累了，饿了，哪怕再走一步，对他们都很艰难了。为了让战士们恢复一点体力，师长决定在岸边休息一夜，第二天早晨过河。

10月的北方，天气已经非常寒冷。战士们穿着单薄的衣衫，围坐在河畔，为了御寒，战士们点燃了几堆篝火。

这时，潜伏在附近的日伪特务葛海禄发现了江边闪动的篝火，立即向日本守备队报告。

“太君，岸边有篝火闪动，一定是抗日联军。”

“好，赶快集合队伍，一个也不准放过。”

熊本大佐立刻带领1000多日军和伪军悄悄扑了上来，将抗联战士包围了。

拂晓时分，抗联战士们发现已被日军包围，疲惫不堪的战士们开始拼命向外突围。

此时，河水猛涨，师长看到这些女战士们身体虚弱，又不习水性，就让参谋长金石峰先送这8位女战士过河。就在金石峰试探水势的时候，不远处，枪声四起。班长冷云立即命令大家卧倒。这时，敌人还没有发现她们。冷云仔细观察，发现众多敌人正向大部队逼近，形势万分紧急。生死关头，冷云果断地发出命令：

“为了大部队突围，我们必须吸引敌人的火力。姐妹们，跟我上！”

八位女战士从背后向敌人发起进攻，敌人一下子就懵了，不知道背后有多少人在袭击她们。熊本大佐命令一部分日伪军向女战士还击。敌人兵力分散了，大部队获得了有利时机，成功突围了。

熊本看见主力部队已经突围，恼羞成怒，集中火力向女战士疯狂进攻。这时，八位弱小的女战士已经和大部队完全隔开了。突围出去的战友们不忍心丢下她们，几次回枪杀回来，可是敌众我寡，这样拼下去，就谁也走不了了。冷云看在眼里，急在心上。她感谢战友们，但她们不能让战友们作出更多的牺牲，在冷云的指挥下，8位女战士齐声高喊：

“同志们，不要管我们！赶快冲出去！保住手中枪，抗日到底！”

战友们哪里肯放弃，他们仍然努力靠近女战士，这时，两股敌军迅速向他们围过来，战士们没有办法，只好忍泪再次突围。

熊本知道这个队伍只有8个人，而且都是女兵时，更加猖狂了，上千鬼子端着冲锋枪，边疯狂地扫射，边叫嚷着：

“快投降吧！皇军不会亏待妇女！”

敌人的包围圈越来越小，除了背后的一条河，三面都是狰狞可憎的敌人。

“抓活的，别让她们跑了！”敌人的声音越来越近了。

冷云看着只有13岁的王惠民，低声问：

“小妹妹，怕死吗?”

王惠民果断地回答：

“不怕！”

冷云果断地说：

“好！姐妹们，我们绝对不能当俘虏，绝不受敌人的侮辱！我们投江吧！”

八姐妹眼中喷射着仇恨的怒火，向敌人投出了最后一颗手榴弹。

敌人倒下一片，就在这时，8位女战士砸毁了手中的武器！然后，从容地架起负伤的战友，毅然决然地跳进汹涌冰冷的乌斯浑河。

秋天的河水，水流湍急，冰冷刺骨。8位女战士昂着头，挺着胸，用坚强不屈的身躯，推着汹涌的河水。渐渐地，大水吞噬了她们。

八位女战士为了维护民族的尊严，为了中华民族的解放，献出了年轻的生命。她们中，年龄最大的冷云25岁，年龄最小的王惠民13岁。

动人心魄的“八女投江”体现了中华儿女为民族解放事业敢于与日本侵略军血战到底的英雄气概，她们的高尚气节强烈地感染了千千万万个中国人民。

今天，在牡丹江畔的江滨公园广场上，在八女投江的不远处，有一幅巨型石碑，那就是“八女投江纪念碑”，上面写着：

“八女英魂，光照千秋”

青山铭记，绿水不忘。“八女投江”的悲壮故事被搬上了银幕、舞台，用艺术的形式感染着一代又一代的中华儿女。在侵略者面前，中国人民永不低头。

杨靖宇——密林深山铸英魂

有名的义勇军领袖杨靖宇、赵尚志、李红光等等，他们都是共产党员，他们的坚决抗日、艰苦奋斗的战绩是人所共知的。

——毛泽东

1936年冬天，由日军、伪军、警察、宪兵组成的号称16万人的联合部队，开始“冬季大讨伐”。讨伐行动从辑安、临江、通化等县开始，敌人声称要剿灭南满抗日联军，并悬赏通缉杨靖宇将军。

在极端困难的条件下，抗日联军与数十倍于我的敌人周旋。12日上旬，他们在辑安县黄柏甸子附近的大山中，时任中共南满省委书记、东北抗日联军第1路军总指挥兼政治委员杨靖宇率领警卫排30名战士，被敌军重重包围。敌人得到密报，杨靖宇就在山中。

“活捉杨靖宇！”

“不能让他跑了！”

敌人发誓，必除去这个抗日英雄而后快。

形势万分紧急，杨靖宇和30名战士就藏身于一个破房里。怎么办呢?杨靖宇想到了挖洞藏身。于是，一个纵几米深的洞挖出来了。战士们一个接一个躲了进去。敌人几次进去搜查，连杨靖宇的影子都没抓到。敌人继续封锁、搜查。零下30多度的严寒和连日的饥饿，时刻威胁着这30个人的生命。几天以后，粮食全部吃光了，洞内无法生火，战士们也无法出外寻找食物，为了活下去，为了最终战胜敌人，杨靖宇带头撕下衣服里的棉花充饥，他坚定地对战士们说：“坚持就是胜利！”战士们看到杨将军如此顽强的毅力，都增强了信心。15个日日夜夜过去了，杨靖宇和抗日联军的英雄们，以惊人的革命意志，战胜了常人无法想象的困难，他们只有一个信念：“活着出去，去打小日本！”

第16天，敌人后撤了。他们没有搜到杨靖宇，反而被拖在山上。主力部队则趁此机会安全转移了，敌军“冬季大讨伐”计划遭到挫败。

1937年卢沟桥事变后，东北抗日联军纳入全国抗日战争的统一部署中。为响应中共中央的号召，配合全国抗战高潮，8月20日，东北抗日联军第1路军总司令部发布《为七七事变告东北人民和告满军同胞书》，号召：

“我东北全体同胞，应在全国总动员之下，响应中日大

抗日英雄杨靖宇

战，行动起来，打倒日本帝国主义，推翻傀儡政府‘满洲国’。为独立自由幸福之中国而奋斗！”

随即，杨靖宇率领第1路军展开了广泛的统一战线工作，大批伪军听了杨靖宇的话，感动得流下眼泪，加入到抗日民族解放斗争之中。抗联第1路军很快发展到15000人，成为抗联最大的一支。

杨靖宇主动率军出击，在南满铁路等敌人交通运输线上神出鬼没，炸铁轨，炸火车，牵制了日军向关内的进攻。仅在1936年下半年，杨靖宇率领的第1路军就与敌人进行大小战斗数十次，攻克抚松、辉南、金川等十几座城市。在盘石、双阳、柳河、金川、恒江等13个县的广大农村，初步建立了抗日根据地和游击区。

看到抗日联军的力量日益壮大，日军感到了极大的威胁。1938年下半年，日本关东军扩大了3倍，并以伪蒙军替换作战不积极的伪满军，加强对南满的“大讨伐”。关东军同时以万元巨金悬赏杨靖宇的头。

杨靖宇率领第1路军与日军展开了更为艰难的殊死战斗。1939年3月至9月，多次与日军展开激战，毙伤日伪军数千名，缴获各种步枪3000余支，手枪数百支，轻重机枪30余挺。

然而，面对敌人的疯狂进攻，一些非党的山林武装纷纷瓦解和叛变。杨靖宇只得率部突围进入长白山区建立密营。

1940年初的50多天里，杨靖宇率抗联战士与日军作战40多次，在日军的疯狂“围剿”下，抗联陷入困境，几乎弹尽粮绝，战士们只好以草根、树皮充饥，甚至将衣中棉絮掏出来吞咽。日军曾千方百计诱其投降，但杨靖宇坚定地表示：

“为了中华民族的解放事业，头颅不惜抛掉，热血可以喷洒，而忠贞不贰的意志是不可动摇的。”

敌人沿着抗联战士留下的雪地脚印和炊烟追踪而来，部队衣食无着，杨靖宇决定分散突围。

杨靖宇率400多名抗联战士准备在濛江方向突围，因叛徒告密，日军很快就发现了他们的行踪，为使部队安全转移，杨靖宇决定再一次分散突围，他自己带60余人东进，牵制日军。不料，一个参谋叛变了，杨靖宇的行踪再次暴露。几次激战后，他身边只剩下两名战士，被日寇封锁在伐木场附近的山中。杨靖宇已身负重伤。两个战士看到杨靖宇无粮无药，生命危险，便下山买粮。2月18日这天，两名战士刚下山就被日寇杀害。敌人在他们身上搜出了杨靖宇的印章，他们断定：杨靖宇就在山上。于是，各条道路都被封锁了。

5天后的下午，杨靖宇只身到三道崴子路边，碰到几个打柴人，便请他们代买粮食、棉鞋。这几人中有一个是汉奸，回村便向敌人告密。“讨伐队”迅速开到，此时杨靖宇已经数日未进粒米，以皮带、棉絮充饥，加上伤势严重，身体虚弱到了极点。

敌人的“讨伐队”围了上来，一步步逼近，到50米处，日伪军大喊：“杨靖宇，你跑不了了，快投降吧！”

杨靖宇一直不作声，他沉着地掏出双枪对日伪军射击。几个敌人被击倒。敌人想抓活的，停止了射击，再次高声劝降：“杨靖宇，投降吧，皇军不会亏待你！”

杨靖宇仍然没有应声，他烧毁了文件，又向敌人射击。日伪军见不可能生擒，便猛然开火，杨靖宇左腕中弹，一支手枪落地，仍以右手持驳壳枪应战。敌人疯狂扫射，杨靖宇身中数弹，倒下了。

杨靖宇牺牲后，日军根据追踪估算，他缺粮至少已有半个月，完全断粮也在5天以上，在零下20摄氏度的野外山林中，他是怎么坚持下来的？日本人感到不可思议，他们要看看，到底是什么支撑着这颗顽强的生命，他的遗体被送到县医院进行解剖，当肠胃被切开后，露出的只有草根和棉絮，而没有一粒粮食。

残暴的侵略者震惊和折服了。

“他是支那的一条好汉！”

日本关东军为庆祝所谓“胜利”，将杨靖宇的头切下送到伪满的“新京”——长春保存，同时又在烈士殉难处破例举行了一个祭奠仪式和对躯体的葬礼，以杨靖宇的顽强为例训诫部属。

长春解放后，泡在药液中的英雄头颅被找到，脸上冻伤的痕迹还清晰可见。杨靖宇的头颅留下印模后（用于制作塑像），与躯体合葬于通化烈士陵园。

为纪念杨靖宇英勇抗日的光荣一生，1946年，中国共产党决定将杨靖宇牺牲的濛江县改名为靖宇县。1949年，郭沫若为杨靖宇题词：

头颅可断腹可剖，烈忾难消志不磨。
碧血青蒿两千古，于今赤旗满山河。

杨靖宇的名字，多少年来在中华大地作为民族英雄的楷模广为传扬。他率领东北抗日联军在密林雪原的艰苦环境中与敌寇血战，为全民抗战建立了具有战略意义的功绩。他本人以草根棉絮充饥战至最后一人的气概，更在亿万人民心头树立起一座不朽的精神丰碑。